Cómo fortalecer la espalda

Cómo fortalecer la espalda

Título original: *Exercise for a Strong Back*
Primera edición: marzo 2003
Traducido del original de Carroll & Brown Ltd.
20 Lonsdale Road, Queen's Park, Londres NW6 6RD

Copyright del texto © Jenny Sutcliffe, 2002
Copyright de las ilustraciones y la coordinación © Carroll & Brown Limited 2002

Mens Sana es una marca registrada de Parramón Ediciones, S. A.

Copyright © para la edición española Parramón Ediciones, S. A., 2003
Gran Via de les Corts Catalanes, 322-324
08004 Barcelona

Traducción: Mercè Bolló

ISBN: 84-342-3045-3

Depósito Legal: B-8.081-2003

Impreso y encuadernado por Bookprint, S. L., Barcelona

Advertencia:
La información contenida en este libro no pretende sustituir
la atención médica. Bajo ningún concepto se someta a tratamientos
por parte de alguien que no sea un profesional cualificado.
Ante cualquier problema de salud consulte a su médico.

Sumario

Introducción 4

¿Qué es el dolor de espalda? 5

La estructura de la espalda 6

Adoptar una postura correcta 8

Dolor de espalda agudo 9

Dolor de espalda crónico 10

Antes de empezar 12

Plan de rescate: dolor agudo 14

Plan de rescate: dolor crónico 16

Ejercicios útiles si trabaja sentado 18

Ejercicios útiles si trabaja de pie 20

EJERCICIOS DE CALENTAMIENTO 22

Marcha y carrera sin desplazarse 24

Estiramiento y rotación del tronco 26

Inclinación anterior 28

Rotación de caderas 30

Relajar el cuello 32

EJERCICIOS PRINCIPALES 34

Toda la espalda

Inclinaciones pélvicas 36

Balanceo con las piernas cruzadas 38

Abdominales 40

Abdominales con piernas en alto 42

Expansión dorsal 44

El gato 46

Rotación de la columna 48

Balanceo según el método Pilates 50

Parte superior de la espalda

Rotación de hombros 52

Expansión pectoral 54

Entrelazar los antebrazos 56

Inclinaciones laterales 58

Estiramiento pectoral 60

Estiramiento torácico 62

Inclinación anterior con una silla 64

Parte inferior de la espalda

Extensión dorsal 66

Abdominales cruzados 68

Elevaciones pélvicas 70

Elevaciones laterales 72

Balanceo de caderas 74

La sierra 76

PROBLEMAS DE ESPALDA 78

Ciática 80

Osteoartritis 82

Escoliosis 84

Osteoporosis 86

Tratamiento profesional 88

Tratamientos caseros 90

Consejos para mejorar su estilo de vida 92

Glosario 94

Índice 96

Agradecimientos 96

Introducción

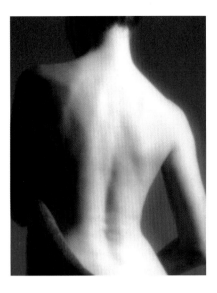

En los países industrializados, el dolor de espalda es una de las principales causas de baja laboral, junto con el resfriado y la gripe. Según las estadísticas, aproximadamente las dos terceras partes de los adultos españoles han sufrido dolor de espalda alguna vez y un elevado porcentaje de la población padece dolor de espalda todo el año. La explicación es muy sencilla: aunque la columna vertebral es una increíble máquina de precisión, todavía no ha evolucionado lo suficiente para resistir la presión que debe soportar por el hecho de andar erguidos.

¿Qué puede hacerse cuando se experimenta dolor de espalda? ¿Cómo evitar que aparezca? Antiguamente se creía que la única solución era guardar cama pero, en las últimas décadas, han surgido nuevas corrientes de opinión (excepto para casos extremos). En la actualidad, los médicos aconsejan continuar con las actividades cotidianas, incluido el trabajo, pero variando el estilo de vida para cuidar la espalda correctamente. En este aspecto se centra precisamente este libro.

En otros libros publicados por la doctora Sutcliffe se explica cómo funciona la espalda, por qué existen diferentes tipos de dolor en ella y qué puede hacerse para evitar que éste aparezca o se repita. En éste encontrará consejos prácticos para mantener la espalda en buenas condiciones y también recomendaciones sobre cómo actuar cuando el dolor aparece de repente. Incluye asimismo una serie de ejercicios que podrá integrar en su vida cotidiana en función de sus características particulares: tipo de espalda, problemas de salud, nivel de forma física y estilo de vida.

Practicando los ejercicios descritos paso a paso y siguiendo los consejos y las recomendaciones que aparecen en el presente libro, logrará tener una espalda en buen estado y se sentirá cada día más en forma, más orgulloso y más seguro de sí mismo.

CÓMO UTILIZAR ESTE LIBRO

Tómese su tiempo para leer detenidamente estas primeras páginas antes de empezar con los ejercicios. En las páginas 4-13 encontrará una guía de orientación para realizar los movimientos de forma segura y eficaz y aprenderá cómo funciona la espalda y en qué le benefician los distintos ejercicios. También aprenderá algunos términos técnicos que le serán útiles más adelante para entender los ejercicios (aunque también puede consultarlos en el glosario que se incluye al final del libro).

Las explicaciones de la sección «Antes de empezar» (véase pág. 12) le ayudarán a determinar los ejercicios más adecuados a sus necesidades. De todas formas, es interesante leer todo el libro antes de empezar con los ejercicios, en especial el apartado «Ejercicios principales», ya que de este modo dispondrá de toda la información necesaria para poder decidir. Una vez hecho esto, abra el libro por la página en cuestión, colóquelo cerca de la superficie donde vaya a realizar los ejercicios y ya puede empezar.

¿Qué es el dolor de espalda?

La espalda es una de las partes más complejas y útiles del esqueleto. Constituye un elemento fundamental para muchas de nuestras funciones vitales (véase el cuadro de la derecha) y se caracteriza por su fuerza y flexibilidad. Sin embargo, el nivel de exigencia y de tensión que debe soportar debido a nuestras actividades diarias es muy elevado y, como consecuencia de ello, se convierte en una de las zonas más vulnerables del cuerpo. Como muchas personas ya saben, es uno de los lugares donde suele concentrarse el dolor.

EL DOLOR DE ESPALDA

El dolor es la forma que tiene el cuerpo de indicar que algo no anda bien. Cuando una persona tiene dolor de espalda, experimenta una sensación generada por el cerebro en respuesta a las señales que le llegan de los receptores del dolor, situados en la piel, los órganos, los músculos y otros tejidos. Ahora bien, la intensidad del dolor no depende de la fuerza de los mensajes emitidos por los receptores, sino de la cantidad y la frecuencia de mensajes.

DOLOR AGUDO O DOLOR CRÓNICO

Existen dos clases de mensajes de dolor: los agudos y los crónicos. El mensaje *agudo* viaja a una velocidad de 10 metros por segundo, mientras que el *crónico* lo hace a un metro por segundo. El dolor agudo es el más intenso, ya que pueden enviarse más señales de dolor agudo que crónico en un determinado período de tiempo.

El dolor de espalda agudo suele ser concreto y tiene una causa identificable (véase pág. 9) y un tratamiento específico. En cambio, el dolor crónico resulta mucho más difícil de explicar (incluso puede que un examen médico no revele ningún problema) porque el menor daño ocasionado en las articulaciones, los músculos, los ligamentos o los nervios de la columna vertebral puede causar dolor. Los ejercicios y consejos que aparecen en el presente libro le servirán de guía para modificar su actual estilo de vida y le ayudarán, con el tiempo, a mitigar los problemas crónicos y a evitar que reaparezcan (véanse págs. 10-11).

LA IMPORTANCIA DE LA RELAJACIÓN

Las endorfinas son las hormonas que nos proporcionan la sensación de *bienestar*. El cuerpo las fabrica en períodos de ejercicio y de actitud mental positiva y logran anular la sensación de dolor, pero cuando una persona está tensa o ansiosa no libera la cantidad suficiente de endorfinas para mitigar el dolor. Por lo tanto, es muy importante estar lo más relajado posible en todo momento para que la cantidad liberada sea la adecuada. Pida consejo a su médico si tiene algún problema en este sentido.

FUNCIONES DE LA COLUMNA VERTEBRAL

- Proporcionar al cuerpo la estructura necesaria para mantener la postura erguida.
- Sostener la cabeza.
- Permitir movimientos hacia delante, hacia atrás y hacia los lados.
- Proteger la médula espinal (extensión del cerebro que se prolonga por el interior de la columna).
- Los discos intervertebrales amortiguan los golpes.
- Los cuerpos vertebrales contienen médula ósea roja, que es la encargada de la producción de la sangre y los minerales.
- Proporcionar puntos de unión para los músculos y los ligamentos.
- Las vértebras torácicas (véase pág. 6) proporcionan puntos de unión para las costillas.

La estructura de la espalda

La columna vertebral está compuesta de 33 vértebras aunque, como algunas de ellas están unidas, tiene sólo 26 huesos. Está dividida en diferentes secciones. Comprendiendo cómo funciona podrá mantenerla sana y en buen estado.

LAS ARTICULACIONES

Las vértebras están unidas a sus vecinas por medio de dos articulaciones facetarias y una articulación intervertebral. Las superficies de las pequeñas articulaciones facetarias están recubiertas de cartílago y bañadas en líquido sinovial, y todo el conjunto está alojado dentro de una cápsula articular. El fluido que hay en el interior de esta cápsula permite que los dos huesos de la articulación se deslicen sin fricción. Practicando ejercicio moderado de forma regular se consigue mantener los huesos lubricados.

La columna vertebral presenta 5 conjuntos de vértebras que, empezando por arriba, son: 7 cervicales, 12 torácicas o dorsales, 5 lumbares, 5 sacras fusionadas y 4 coccígeas fusionadas (no se muestran en la fotografía).

La articulación intervertebral está formada por dos cuerpos vertebrales y un disco intervertebral, que es una almohadilla que se estira y se encoge para amortiguar los golpes y permitir que la columna se mueva y adopte la forma necesaria. El interior del disco, o núcleo pulposo, contiene una sustancia pegajosa formada por un 85 % de agua, mientras que la parte exterior dura o anillo fibroso está formada por unos anillos de cartílago. Estos discos pierden gran parte del fluido como consecuencia de las actividades realizadas durante el día, así que es necesario descansar bien por la noche para dejar que se recuperen.

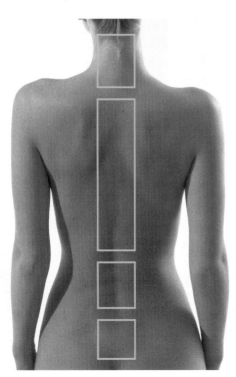

¿QUÉ ES UNA VÉRTEBRA?

Cada vértebra está formada por:

- Un masa ósea cilíndrica, llamada cuerpo vertebral, que se encarga de transmitir el peso del organismo a lo largo de la columna y que está separada del siguiente cuerpo vertebral por un disco intervertebral.

- Un punto de unión con los músculos y los ligamentos de la espalda denominado apófisis espinosa (los bultos que se aprecian y se notan en el centro de la espalda).

- Una apófisis transversa a cada lado que proporciona asimismo puntos de fijación con los músculos y ligamentos.

- Cuatro articulaciones facetarias: dos en la parte superior y dos en la inferior que conectan cada vértebra con la anterior y la siguiente.

- Un arco neural o espinal, el canal óseo por el que pasa.

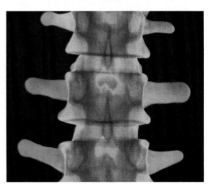

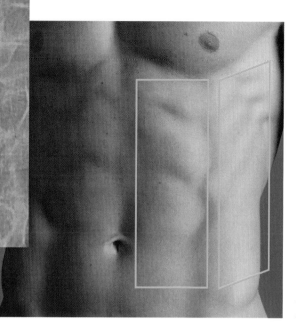

La médula espinal (azul y amarillo) es una extensión del cerebro. Transmite información sensorial del resto del cuerpo al cerebro y órdenes del cerebro a los músculos, y está protegida por las vértebras de la columna vertebral (blanco).

Es importante mantener fuertes los músculos del estómago y la espalda porque liberan tensión de la columna para que pueda desarrollar correctamente su función. En la fotografía se muestra el perfil en azul de los músculos rectos (izquierda) y oblicuos externos (derecha) del abdomen.

LA MÉDULA ESPINAL Y LAS RAÍCES NERVIOSAS

La médula espinal transmite información sensorial (por ejemplo, mensajes de dolor) del cuerpo al cerebro, que entonces envía órdenes para que los músculos actúen. Forma parte del sistema nervioso central y discurre desde la base del cerebro hasta las vértebras lumbares a través del canal neural que hay en el interior de la columna. La médula espinal se ramifica en dos nervios que salen entre las vértebras (uno en cada lado). Los problemas de espalda más dolorosos son precisamente los causados cuando la columna ejerce presión sobre estos nervios o sobre la médula ósea.

LOS MÚSCULOS

Existe una compleja red de músculos que refuerzan y mueven la columna vertebral. En la espalda hay tres capas principales de músculos: la primera capa, la más interna y de menor tamaño, une las vértebras vecinas; la capa intermedia conecta grupos de vértebras; y la capa exterior más extensa (formada por los erectores espinales) une el conjunto de la columna de arriba abajo. Los grandes músculos que sujetan el cuello se denominan trapecios. Los glúteos, los músculos de las nalgas, sostienen la parte inferior de la espalda y la pelvis.

Los músculos actúan siempre en parejas, lo que significa que cuando un músculo se contrae (*agonista*) siempre hay otro que se relaja (*antagonista*). Los músculos del abdomen actúan de esta manera en relación con los de la espalda para conservar las curvas naturales de la columna. Existen cuatro grupos principales de músculos abdominales: los rectos, que permiten doblar y flexionar la columna, dos conjuntos de oblicuos, que permiten flexionar y girar el tronco, y los transversales, que retienen el contenido del abdomen. Los músculos de la espalda y del abdomen deben trabajarse por igual para evitar problemas de debilidad o desequilibrio muscular que puedan causar dolores de espalda.

LOS LIGAMENTOS

Los ligamentos son cordones fibrosos de un tejido resistente que enlazan las vértebras y permiten mover el conjunto de la columna vertebral. Existen dos ligamentos largos que recorren toda la columna vertebral por la parte anterior y posterior de los cuerpos vertebrales y también otros ligamentos más pequeños que unen las vértebras vecinas. El riego sanguíneo de los ligamentos es escaso, de modo que cuando se produce un tirón o un desgarro, son difíciles de curar.

Adoptar una postura correcta

Vista desde detrás, la columna vertebral es una línea recta en el centro de la espalda. Sin embargo, si se mira de perfil, aparece curvada. Las vértebras dorsales y sacras forman unas curvas hacia atrás, conocidas como curvas primarias porque ya existen en el momento de nacer. En cambio, las vértebras cervicales y lumbares forman una curva hacia delante que se va creando a medida que el recién nacido aprende a levantar la cabeza y a sentarse. Gracias a estas curvas naturales, la espalda tiene la capacidad de mantener una postura erguida y la resistencia necesaria para contrarrestar la fuerza descendente de la gravedad, el peso corporal de la persona y el impacto del suelo al andar o correr. La mejor manera de cuidar la espalda es manteniendo esta postura natural (véase derecha).

PROBLEMAS POSTURALES

Si adopta una postura demasiado recta o excesivamente curvada, la columna no es capaz de soportar las tensiones diarias y puede empezar a causarle problemas.

Intente siempre mantener una postura adecuada no sólo cuando esté de pie, sino también cuando esté sentado, moviéndose o haciendo ejercicio (véanse págs. 18-20).

Este factor puede influir en el orden de ejecución de algunos ejercicios. Averigüe si tiene algún problema postural comprobando los puntos siguientes:

- Espalda plana: espalda excesivamente recta o rígida.
- Espalda curvada o lordosis: arco exageradamente cóncavo en la parte inferior de la espalda
- Hombros caídos hacia delante o cifosis: arco exageradamente convexo en la espalda con efecto de giba.

CÓMO ADOPTAR LA POSTURA CORRECTA

- Intente que el punto más alto del cuerpo sea la corona de la cabeza y no la parte superior de la frente.
- Debe mantener la cabeza, el cuello y el mentón centrados, es decir, que no sobresalgan excesivamente del cuerpo pero que no queden demasiado entrados.
- Relaje los hombros.
- No arquee ni yerga excesivamente la espalda, deje simplemente que adopte sus curvas naturales.
- Contraiga los músculos abdominales.
- Intente mantener la pelvis ligeramente metida hacia dentro.
- Mantenga las rodillas ligeramente dobladas y los pies separados en línea con las caderas y mirando hacia delante.
- Si tiene que estar de pie y parado durante un largo tiempo, vaya alternando el peso de un pie al otro.
- Si debe estar de pie y trabajar sobre una superficie, ajuste la altura de dicha superficie en la medida de lo posible para no tener que inclinarse en exceso.

Dolor de espalda agudo

Por lo general, la desagradable sensación de un dolor intenso y súbito de espalda puede localizarse en una zona concreta o desplazarse a lo largo del brazo (braquialgia) o la pierna (ciática) a causa de la compresión de un nervio. La mayor parte de los episodios de dolor agudo aparecen por un problema de espalda crónico. Un simple movimiento brusco o incorrecto puede ocasionar una hernia discal, una inflamación de la articulación facetaria o un desgarro del ligamento si los músculos de la espalda o del estómago están débiles. Las enfermedades degenerativas crónicas, como la osteoartritis y la osteoporosis, pueden desarrollarse de tal manera que lleguen a causar un dolor agudo.

HERNIA DISCAL

Cuando una persona está de pie, sentada e inclinada se ejerce una gran presión sobre los discos intervertebrales. Si los músculos y ligamentos no funcionan correctamente como medio de apoyo, es posible que un disco sobresalga hacia el exterior o el interior del canal espinal. Eso no significa que el disco se haya *desplazado*, ya que está firmemente sujeto a los cuerpos vertebrales, quiere decir que el núcleo pulposo ha salido a través de alguna grieta del anillo fibroso y origina espasmos musculares locales y dolor. Si la parte del disco que sobresale toca una raíz nerviosa, el dolor no afecta sólo a la espalda sino a todo el nervio (véase «Ciática», págs. 80-81).

INFLAMACIÓN DE LA ARTICULACIÓN FACETARIA

Estas pequeñas articulaciones que unen las vértebras entre sí se inflaman cuando los huesos quedan oprimidos o desalineados debido a una presión repentina. La cápsula articular se hincha y genera un dolor local que puede proyectarse hacia otras zonas si la cápsula inflamada ejerce presión sobre un nervio.

ESTENOSIS DEL CANAL CENTRAL

En el caso de esta afección, se estrecha el canal central de la columna que alberga la médula espinal. Como ésta es muy sensible a la presión, aunque el canal se estreche sólo levemente causa un dolor intenso y otros síntomas neurológicos (véase el cuadro siguiente). Las principales causas de la estenosis del canal central son: canal central anormalmente pequeño de nacimiento, hernia discal u osteoartritis (véanse págs. 82-83), en cuyo caso se desarrolla una excrecencia ósea hacia el interior del canal.

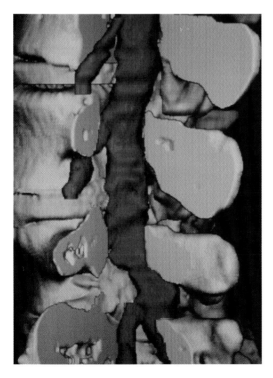

Este escáner muestra una hernia discal (de color verde en la parte central inferior) que presiona la médula espinal (azul). La capa externa del disco se ha debilitado, el contenido del disco ha sobresalido y causa dolor y posiblemente entumecimiento.

ASISTENCIA URGENTE

Cuando una persona se lesiona la columna por un accidente o una caída, puede experimentar síntomas neurológicos como entumecimiento o *cosquilleo* como consecuencia de la posible fractura o dislocación de una vértebra. En tal caso, hay que inmovilizarla, ya que cualquier movimiento podría causarle una parálisis, y llamar inmediatamente a una ambulancia.

Dolor de espalda crónico

Una de las dolencias más extendidas en los países occidentales, el dolor de espalda crónico, se debe en gran parte a errores posturales y a un estilo de vida sedentario. Con frecuencia no llegan a comprenderse totalmente las causas pero incluso leves lesiones en los delicados tejidos, músculos, ligamentos y articulaciones de la columna pueden originar dolores intermitentes o constantes. Veamos algunos ejemplos.

POSTURA INCORRECTA

Cualquier postura habitual que varíe las curvas naturales de la espalda (véase pág. 8) puede causar dolor crónico. Hay que intentar corregir las malas posturas antes de llegar a considerarlas *naturales*, ya que los músculos y ligamentos pueden adaptarse a ellas, pero la columna no. El hecho de ejercer presiones desiguales en la columna –un grupo de músculos está excesivamente tenso mientras que el grupo opuesto queda laxo– puede hacer que los discos se endurezcan y pierdan elasticidad, que las articulaciones facetarias queden comprimidas e incluso acelerar la aparición de la osteoartritis.

Para mejorar la postura, siga los consejos que aparecen en la página 8 y a lo largo del libro. Si persisten los problemas posturales, considere la posibilidad de aprender la técnica Alexander (véase pág. 89).

DEBILIDAD MUSCULAR

La columna necesita la sujeción que le proporcionan los músculos abdominales y dorsales para que la presión sea uniforme en toda su longitud. Cuando los músculos del abdomen y del estómago están flojos no son capaces de soportar la tensión necesaria para realizar esta función. Por otra parte, si los músculos de la espalda están más fuertes que los abdominales, como suele ocurrir, pueden producirse lesiones en los ligamentos y articulaciones de la parte delantera de la columna. Practicando con regularidad los ejercicios de este libro fortalecerá ambos grupos de músculos.

Los deportes en los que sólo se utiliza un brazo, como el tenis, pueden provocar un desequilibrio muscular. Los ejercicios de este libro le ayudarán a fortalecer los músculos del lado que menos utiliza.

Practicar ejercicio suave o moderado de forma regular es vital para mantener en buenas condiciones los músculos, los ligamentos y las articulaciones de la espalda.

DESEQUILIBRIO MUSCULAR

La mayoría de las personas no usan ambos brazos por igual, por lo que los músculos de un lado del cuerpo están más desarrollados que los del lado contrario. La menor variación de fuerza puede perjudicar las articulaciones de la zona torácica: los músculos del lado más fuerte pueden tensarse demasiado, los ligamentos pueden perder flexibilidad, los discos pueden quedar comprimidos y las articulaciones facetarias oprimidas. En los casos más extremos, este factor puede acabar causando escoliosis (véanse págs. 84-85). Para evitar el desequilibrio muscular, adopte la postura correcta, empiece siempre los ejercicios con el lado que tenga más débil y distribuya el peso uniformemente entre los dos hombros si lleva mochila o, si lleva bolso o maleta, vaya cambiando el peso de brazo.

ESTILO DE VIDA SEDENTARIO

Para mantener en buena forma los músculos, los ligamentos y las articulaciones es necesario utilizarlos con frecuencia. El movimiento, además de mantener el tono muscular, transporta nutrientes vitales a los tejidos del cuerpo. Sin movimiento, los discos intervertebrales se secan y se encogen, las articulaciones facetarias rozan y los ligamentos pierden elasticidad. La falta de ejercicio conduce a un probable aumento de peso, que significa aún más presión sobre la columna.

LOS LIGAMENTOS
Y LAS ARTICULACIONES FACETARIAS

Un esguince o una rotura de ligamentos puede acarrear tanto dolor agudo como crónico porque tarda mucho tiempo en curarse. Si un ligamento se tensa en exceso puede debilitarse y perder la capacidad de controlar los movimientos, mientras que un ligamento que no se usa tiende a endurecerse. Muévase con precaución si ha tenido recientemente algún tipo de

problema con los ligamentos, ya que son especialmente propensos a sufrir otras lesiones. Las articulaciones facetarias también son delicadas y pueden sufrir por exceso o falta de uso.

ENFERMEDADES DEGENERATIVAS

Las enfermedades progresivas, como la osteoartritis (págs. 82-83) o la osteoporosis (págs. 86-87) son causa probable de dolores crónicos a medida que avanza la edad.

La espondilitis anquilosante (o columna en caña de bambú) es otra enfermedad degenerativa que afecta sobre todo a hombres jóvenes. Se trata de una enfermedad hereditaria cuyo primer síntoma es la rigidez y el dolor en la parte inferior de la espalda por las mañanas. A medida que avanza desde la base de la columna hasta el cuello, las vértebras se van soldando y los discos y ligamentos se endurecen hasta que la columna queda rígida e inclinada hacia delante.

Antes de empezar

El objeto de esta sección es garantizar que tanto usted como su espalda saquen el máximo partido de los ejercicios que aparecen en el libro. Es de vital importancia que elija los ejercicios que más se le ajusten y que esté atento a las señales de su cuerpo al realizar los movimientos. Antes de empezar, prepare todo lo que va a necesitar (véase el cuadro inferior a la derecha). Puede variar la cantidad de ejercicios del programa en función de su forma física y del tiempo de que disponga. Debe marcarse su propio ritmo de trabajo.

Lea todos los ejercicios antes de empezar, ya que así conocerá toda la gama de posibilidades y dispondrá de mayor información para decidir cuáles son los más adecuados en su caso. No obstante, si no dispone de mucho tiempo, he aquí una fórmula abreviada que puede resultarle útil:

- Lea el cuadro «¿Es adecuado en mi caso?», que aparece en la primera página de cada ejercicio.
- Compruebe si tiene algún problema postural básico (véase pág. 8), ya que este hecho puede influir en el tipo y el orden de los ejercicios.
- Utilice el «Plan de rescate» (págs. 14-17) para decidir cuáles son en su caso los ejercicios iniciales más apropiados.
- Si cree o sabe que padece alguna de las enfermedades que aparecen en el apartado «Problemas de espalda» (págs. 80-93), lea la sección, ya que incluye algunos consejos sobre qué ejercicios conviene intentar primero.
- Lea los cuadros donde se indica el «Objetivo» y elija como mínimo dos ejercicios de abdominales, uno de estiramiento de la espalda y uno de rotación de la columna.
- Preste atención a los cuadros de «Precaución», donde podrá comprobar si el ejercicio es apto para usted.

Es posible que encuentre bastantes ejercicios adecuados. Intente ir variando la tabla de vez en cuando para ampliar el programa y no aburrirse.

EL CUIDADO DE LA ESPALDA DEBE SER UN HÁBITO

Si se acostumbra a realizar los ejercicios para la espalda que aparecen en el presente libro, se sentirá

NECESITARÁ

- Un espacio privado conveniente.
- Ropa ancha y cómoda y calzado deportivo que le sujete bien los tobillos.
- Una colchoneta (podrá encontrarla en cualquier tienda de deportes) para proteger la columna al realizar ejercicios en el suelo.
- Una silla cómoda con respaldo recto de una altura que le permita apoyar los pies en el suelo.
- Agua (para evitar la deshidratación).
- Dos toallas pequeñas para determinados ejercicios.
- Muñequeras lastradas si desea un mayor grado de dificultad una vez que se haya familiarizado con los ejercicios.

ATENCIÓN

Antes de empezar con los ejercicios para la espalda, consulte a su médico en caso de:
- enfermedad cardiovascular
- problema neurológico
- osteoporosis
- artritis aguda, especialmente en el cuello
- mareos

Si va a realizar un ejercicio aeróbico, debería llevar ropa holgada y un calzado que le sujete bien los tobillos.

ágil, evitará el dolor, mejorará la postura y aumentará su grado de bienestar y autoestima.

Dedique un tiempo a su espalda unas tres veces por semana.

Una hora será suficiente. Durante el resto de la semana, practique sólo unos cuantos ejercicios para aliviar el estrés, como por ejemplo los que se explican en las páginas 18-21.

DETERMINE SU PROPIO NIVEL

Si los ejercicios principales le parecen difíciles o le resultan incómodos por cualquier motivo, empiece por la «Variación», que es más sencilla. Con la práctica, irá adquiriendo más fuerza y flexibilidad y podrá pasar a los ejercicios principales. Una vez que se haya acostumbrado a éstos, pase a la variación avanzada y practíquela como un ejercicio más.

EL PASO SIGUIENTE

Es esencial que complemente la tabla de ejercicios con un cuidado general de la espalda. Utilice estrategias realistas para mejorar la postura e incorporar actividades físicas a su vida cotidiana, como ir caminando al trabajo o asistir a una clase de yoga una vez por semana. En la página 92 encontrará otras sugerencias.

CÓMO REALIZAR LOS EJERCICIOS

- Empiece siempre por los ejercicios de calentamiento y pase después a los principales (véanse págs. 17-25).
- Lea atentamente las instrucciones.
- Realice el ejercicio complementario cuando se indique.
- Sea consciente de sus limitaciones y elija el nivel de ejercicio pertinente. No fuerce nunca ningún movimiento ni posición.
- Efectúe los ejercicios lentamente y de forma controlada, especialmente al curvar las vértebras hacia delante o hacia atrás.
- Mantenga siempre la postura correcta al realizar los ejercicios (véase pág. 8).
- Respire hondo al ejecutar los ejercicios.
- Cuando termine la tabla de ejercicios, relájese unos minutos sobre la colchoneta para que la columna recupere la posición natural.
- Si siente algún tipo de dolor, desfallece, se marea o le falta el aliento, deje de hacer los ejercicios inmediatamente. Si le cuesta respirar o está demasiado acalorado, baje el ritmo del ejercicio.

Plan de rescate: dolor agudo

Tanto si experimenta de repente un dolor muy intenso como si éste se ha ido incrementando con el tiempo, debe solucionar el problema de inmediato. Responda a las siguientes preguntas para hallar una posible solución.

No obstante, la información que extraiga de esta tabla no sustituye en ningún caso los consejos médicos.

¿Experimenta un dolor muy intenso y fuerte que ha aparecido de repente?

SÍ → **O** → ¿Ha experimentado últimamente algún dolor que se ha hecho cada vez más intenso y fuerte?

¿Ha perdido peso, ha tenido fiebre o ha sentido cansancio?

SÍ →

Posibles causas no localizadas en la columna (véase pág. 13)

CONSULTE A UN MÉDICO

NO →

¿Aumenta el dolor cuando está de pie o camina y disminuye al agacharse o inclinarse hacia delante?

NO

SÍ →

Posible estenosis del canal central (véase pág. 9)

CONSULTE A UN MÉDICO

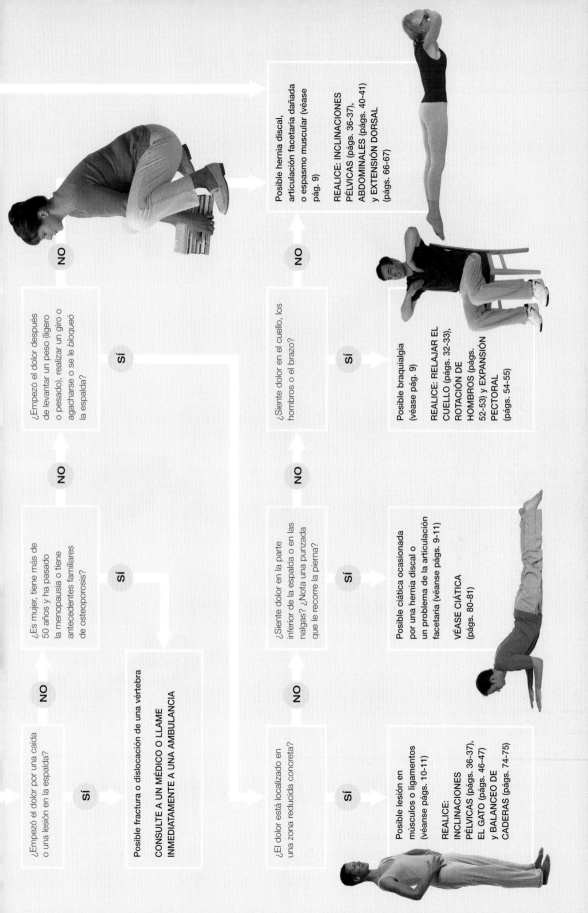

¿Empezó el dolor por una caída o una lesión en la espalda?

SÍ → ¿Es mujer, tiene más de 50 años y ha pasado la menopausia o tiene antecedentes familiares de osteoporosis?

NO → ¿Empezó el dolor después de levantar un peso (ligero o pesado), realizar un giro o agacharse o se le *bloqueó* la espalda?

NO → Posible hernia discal, articulación facetaria dañada o espasmo muscular (véase pág. 9)

REALICE: INCLINACIONES PÉLVICAS (págs. 36-37), ABDOMINALES (págs. 40-41) y EXTENSIÓN DORSAL (págs. 66-67)

SÍ (desde osteoporosis) → Posible fractura o dislocación de una vértebra

CONSULTE A UN MÉDICO O LLAME INMEDIATAMENTE A UNA AMBULANCIA

¿El dolor está localizado en una zona reducida concreta?

SÍ → Posible lesión en músculos o ligamentos (véanse págs. 10-11)

REALICE: INCLINACIONES PÉLVICAS (págs. 36-37), EL GATO (págs. 46-47) y BALANCEO DE CADERAS (págs. 74-75)

NO → ¿Siente dolor en la parte inferior de la espalda o en las nalgas? ¿Nota una punzada que le recorre la pierna?

SÍ → Posible ciática ocasionada por una hernia discal o un problema de la articulación facetaria (véanse págs. 9-11)

VÉASE CIÁTICA (págs. 80-81)

NO → ¿Siente dolor en el cuello, los hombros o el brazo?

SÍ → Posible braquialgia (véase pág. 9)

REALICE: RELAJAR EL CUELLO (págs. 32-33), ROTACIÓN DE HOMBROS (págs. 52-53) y EXPANSIÓN PECTORAL (págs. 54-55)

NO → Posible hernia discal, articulación facetaria dañada o espasmo muscular (véase pág. 9)

Plan de rescate: dolor crónico

Cuando se sufre un dolor continuo es difícil saber cómo mitigar el malestar y evitar mayores molestias. Responda a las siguientes preguntas para tratar de encontrar un plan de acción apropiado. No obstante, la información que extraiga de esta tabla no sustituye en ningún caso los consejos médicos.

¿Lleva bastante tiempo sintiendo dolor de espalda?

SÍ

¿Además de sentir dolor, presenta otros síntomas como cansancio, pérdida de peso o fiebre?

NO

SÍ

Posibles causas no localizadas en la columna (véase la lista de la página 13)

CONSULTE A UN MÉDICO

¿Aumenta el dolor cuando hace frío, después de realizar una actividad física o por las mañanas?

NO

SÍ

¿Aumenta el dolor cuando se sienta, permanece de pie o se tumba durante un largo período?

NO

SÍ

Posibles espasmos musculares o lesión de ligamentos a causa de factores generales como una postura incorrecta y debilidad o desequilibrio muscular

CUALQUIERA DE LOS EJERCICIOS DEL LIBRO PUEDE SERLE ÚTIL PARA FORTALECER LA ESPALDA

Posible debilidad abdominal (véase pág. 10)

REALICE: ABDOMINALES (págs. 40-41), ABDOMINALES CON LAS PIERNAS EN ALTO (págs. 42-43) y CRUZADOS (págs. 68-69)

¿Siente dolor en la ingle y la cadera o baja el dolor hasta la rodilla?

SÍ

NO

¿Siente dolor en la parte inferior de la espalda, las nalgas o el cuello?

SÍ

NO

¿Experimenta por las mañanas un dolor más intenso que va remitiendo a lo largo del día con la actividad?

NO

SÍ

Posible espondilitis anquilosante (pág. 11)

REALICE: EXPANSIÓN DORSAL (págs. 44-45), EL GATO (págs. 46-47) y EXTENSIÓN DORSAL (págs. 66-67)

NO

Posibles espasmos musculares o lesión de ligamentos a causa de factores generales como una postura incorrecta y debilidad o desequilibrio muscular

CUALQUIERA DE LOS EJERCICIOS DEL LIBRO PUEDE SERLE ÚTIL PARA FORTALECER LA ESPALDA

Posible osteoartritis de columna

VÉASE OSTEOARTRITIS (págs. 82-83)

¿Tiene más de 50 años?

SÍ

NO

Posible lesión del ligamento sacro (véase pág. 11)

CONCÉNTRESE EN LOS EJERCICIOS DESTINADOS A LA PARTE INFERIOR DE LA ESPALDA (págs. 66-77)

Posible osteoartritis de cadera

REALICE: ABDOMINALES CRUZADOS (págs. 68-69), ELEVACIONES PÉLVICAS (págs. 70-71) y ELEVACIONES LATERALES (págs. 72-73)

¿Tiene más de 50 años?

SÍ

Ejercicios útiles si trabaja sentado

Hoy día, los trabajadores están confinados más que nunca en su escritorio. Es una gran desventaja, ya que esta posición representa para la columna vertebral mucha más tensión y presión que estar de pie o caminando.

Al estar sentados, la fuerza de la gravedad intensifica la presión que el peso de la parte superior del cuerpo ejerce sobre la zona baja de la espalda. La presión que soporta la parte inferior de la columna cuando estamos de pie es del 100 %, asciende al 150 % cuando nos sentamos y llega al 250 % si nos sentamos incorrectamente (porcentaje que demuestra la importancia de sentarse erguido). Los discos intervertebrales sólo tienen ocasión de recuperarse cuando estamos tumbados, ya que la presión se reduce hasta el 25 %.

Por lo tanto, es fundamental adaptar el entorno de trabajo a las necesidades de cada uno. En cuanto a la silla, debería poder ajustar la altura, el ángulo y la posición del respaldo. Debe intentar siempre adoptar una postura correcta cuando esté sentado (véase el cuadro de la página siguiente) y realizar la tabla de ejercicios que se explica a continuación para aliviar la tensión. Existen sillas ergonómicas que redistribuyen la presión a lo largo de la columna, los muslos y las rodillas. Este tipo de sillas, sin embargo, no son aptas para personas con problemas en las rodillas.

PROGRAMA BREVE: SENTADO

Aunque esté cómodo en la silla que utiliza, debe hacer pausas frecuentes. Levántese, camine y estire la espalda cinco o seis veces al día. También es recomendable realizar una breve tabla de ejercicios como la que se detalla a continuación. Le ayudará a

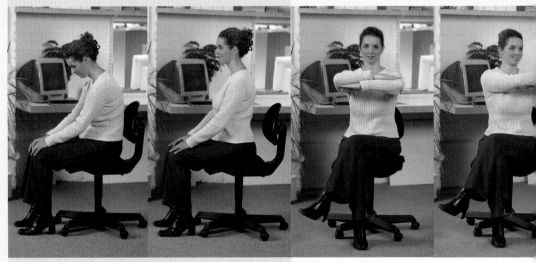

INCLINACIONES PÉLVICAS (págs. 36-37)

ROTACIÓN DE LA COLUMNA (págs. 48-

Meta el estómago de manera que usted quede sentado en la rabadilla y la parte alta de las nalgas. Después enderécese arqueando la parte inferior de la espalda hasta apoyarse en el extremo inferior de la rabadilla. Repita los movimientos 10 veces.

Cruce las piernas y entrelace los brazos a la altura de los hombros. Gire el tronco hacia la derecha y hacia la izquierda 5 veces sin mover la parte inferior del cuerpo. Repita los movimientos cruzando las piernas en sentido contrario.

aliviar las tensiones acumuladas durante la jornada laboral. Los ejercicios que aparecen en estas páginas son los más indicados para el lugar de trabajo. Encontrará una explicación ampliada de éstos en el apartado dedicado a los ejercicios principales. Puede añadir más movimientos en función de los ejercicios que más le beneficien. Primero ejecute la tabla en casa (no le llevará más de 5 minutos) hasta que aprenda los ejercicios correctamente. Después, inténtelo en el trabajo, como mínimo una vez por la mañana y otra por la tarde. Si no tiene tiempo, le resultará fácil realizar los giros de cadera discretamente a lo largo del día.

ROTACIÓN DE LOS HOMBROS (págs. 52-53)

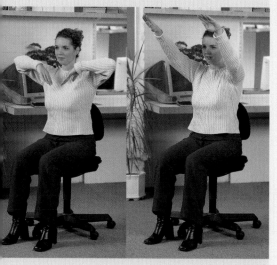

Describa círculos con los hombros moviéndolos 5 veces hacia atrás y otras 5 hacia delante. Para terminar, extienda los brazos y describa 5 círculos hacia atrás.

POSTURA CORRECTA AL SENTARSE

▪ Mantenga el cuello centrado, intente que el punto más alto del cuerpo sea la corona de la cabeza y no la parte superior de la frente.

▪ El respaldo de la silla debe estar en posición vertical, pero adaptado para sostener la curva lumbar de la columna.

▪ El asiento debe ser lo suficientemente ancho para apoyar los muslos y estar en posición horizontal o ligeramente inclinado hacia delante formando un ángulo de 5 grados.

▪ Mantenga la pelvis ligeramente metida durante la jornada laboral.

▪ La silla debería estar a una altura que le permita apoyar las plantas de los pies en el suelo y tener las rodillas formando un ángulo recto.

Puntos que debe recordar cuando esté sentado en su escritorio:

▪ Debe colocar la pantalla del ordenador de manera que no tenga que inclinar demasiado la cabeza.

▪ La superficie de trabajo debe quedar por debajo de los codos doblados para poder apoyarse cuando sea necesario.

▪ Las piernas deben estar debajo de la superficie de trabajo de forma que no tenga que inclinarse para teclear.

19

Ejercicios útiles si trabaja de pie

Aunque al estar de pie no se ejerce tanta presión sobre la columna vertebral como al estar sentado, con el tiempo esta posición también puede acarrear secuelas. Si su trabajo le exige estar de pie la mayor parte del día, aquí tiene algunos ejercicios que le ayudarán a proteger la espalda.

Si está de pie y permanece quieto durante largos períodos, las articulaciones y los ligamentos de la columna no reciben tanto riego sanguíneo ni lubricación como cuando realiza una actividad física. Los ligamentos pueden quedar laxos y ofrecen menos sujeción a las articulaciones. Además, si trabaja sobre una superficie, es posible que tenga que inclinarse hacia delante, con lo que aumenta la presión sobre la espalda y los músculos trabajan más. Para evitar los dolores asociados a esta posición, mantenga una postura correcta (véase pág. 8) y haga pausas a lo largo del día para ejercitar los movimientos que aparecen en la siguiente tabla.

También es importante que mantenga una postura correcta a la hora de levantar y transportar objetos (dos actividades frecuentes según el tipo de trabajo). Aunque cualquier movimiento desequilibrado e incorrecto puede dañar la columna, corre más peligro al agacharse, girarse o levantarse, así que debería seguir los consejos para levantar pesos correctamente.

PROGRAMA BREVE: DE PIE

Aunque conozca y entienda la teoría, a veces le costará saber si en la práctica, al realizar las actividades diarias, está adoptando una postura adecuada cuando esté de pie. Una buena idea es comprobarlo en casa delante de un espejo para saber si lo que cree correcto, lo es realmente; después, intente mantener esa postura todo el día. Aunque esté acostumbrado a adoptar una postura apropiada cuando está de pie, es recomendable realizar la siguiente tabla de ejercicios para liberar la tensión y estirar de modo adecuado la espalda. Puede añadirla al programa breve descrito para realizar sentado. Primero ejecute la tabla en casa (no le llevará más de 5 minutos) hasta que aprenda a realizar los ejercicios de forma correcta. Después, inténtelo en el trabajo, como mínimo una vez por la mañana y otra por la tarde. La siguiente información le servirá de guía para saber cómo realizar los ejercicios, pero puede consultar las páginas concretas de cada uno de ellos si desea una descripción más detallada.

INCLINACIONES LATERALES (págs. 58-59)

De pie y con los pies en línea con las caderas, coloque una mano en la cintura y alargue la otra por encima de la cabeza inclinándose lateralmente. La parte inferior del cuerpo debe permanecer inmóvil. Repita el movimiento 5 veces para cada lado.

CONSEJOS PARA LEVANTAR PESOS

- Sitúese lo más cerca posible del objeto que quiere levantar.
- Sitúese con un pie más adelantado que el otro para mantener mejor el equilibrio.
- Doble la cadera y las rodillas para agacharse en lugar de doblar la espalda.
- Levante ligeramente los talones del suelo a medida que va bajando.
- Para distribuir el peso uniformemente, levante el objeto centrado respecto a su cuerpo.
- Mantenga la espalda lo más recta posible y levántese despacio, dejando que sean los músculos de las piernas los que hagan el esfuerzo.
- Vaya acercando el objeto a su cuerpo a medida que se levanta.
- Realice todos los movimientos de forma lenta y controlada.
- No se gire mientras está levantando un objeto.

ESTIRAMIENTO PECTORAL (págs. 60-61)

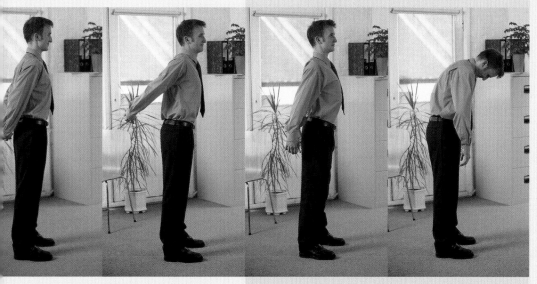

Agárrese las manos detrás de la espalda, gire los codos hacia la columna vertebral y levante los brazos sin inclinar el tronco hacia delante. Cuente hasta diez y repita el ejercicio 5 veces.

ESTIRAMIENTO TORÁCICO (págs. 62-63)

Con los pies separados en línea con las caderas, saque pecho lo máximo que pueda y cuente hasta 10. Repita el movimiento 5 veces. A continuación, doble la espalda hacia delante también lo máximo que pueda y cuente hasta 10. Repita el movimiento 5 veces.

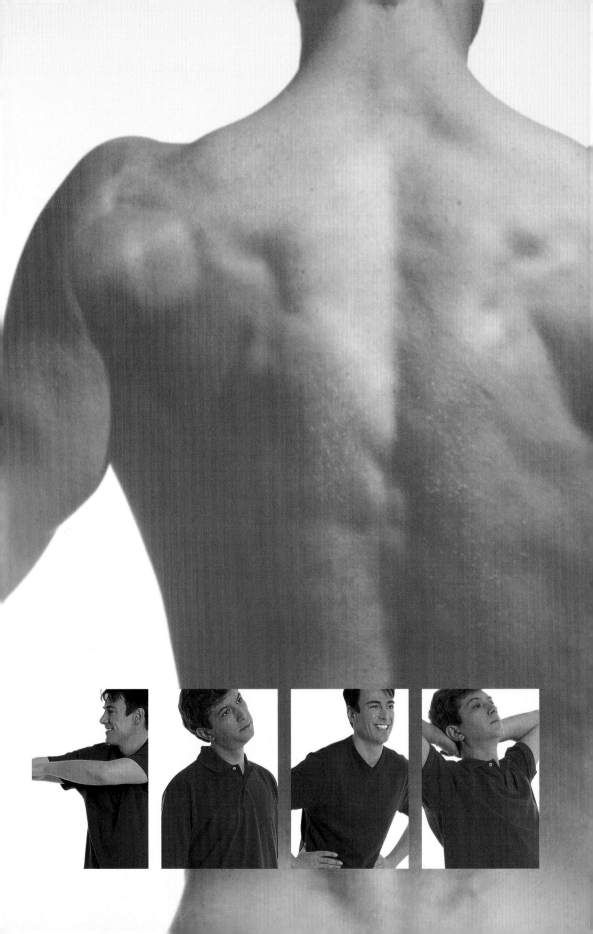

Ejercicios de calentamiento

Es indispensable realizar los ejercicios descritos en esta sección antes de pasar a los ejercicios principales (véanse págs. 34-77). El objetivo del calentamiento no es sólo preparar los músculos, las articulaciones y los ligamentos para una actividad más intensa y reducir así el riesgo de lesión, sino que además aumenta la efectividad de los ejercicios principales.

La secuencia breve de ejercicios de calentamiento no le llevará mucho tiempo (puede dedicarle un cuarto de hora). Es importante que inicie y termine la secuencia caminando y corriendo para ir incrementando el ritmo cardíaco y desentumecer los músculos y las articulaciones.

Estos ejercicios están destinados a:
- desentumecer las articulaciones y calentar los músculos para los posteriores ejercicios principales;
- incrementar de forma gradual el ritmo cardíaco para que la sangre, y por lo tanto los nutrientes, circule más rápidamente por el cuerpo;
- elevar la temperatura corporal paulatinamente para evitar un aumento repentino al empezar los ejercicios principales;
- aumentar el número de reacciones químicas en los músculos para que trabajen mejor;
- conseguir que los impulsos nerviosos viajen a mayor velocidad hasta los músculos para que el cuerpo esté más preparado al pasar a los siguientes ejercicios.

Marcha y carrera sin desplazarse

En los períodos de inactividad, la circulación se hace más lenta y el riego sanguíneo de los órganos internos aumenta a expensas del de los músculos (en especial los de las piernas, el abdomen y la espalda). Caminar y correr intensifica el riego sanguíneo en los músculos.

Este ejercicio debe efectuarse siempre al principio y al final del calentamiento y con un calzado apropiado que amortigüe los golpes. La marcha y la carrera aceleran la velocidad de circulación y el pulso de manera que llega más sangre a los músculos que están trabajando. Con un mayor riego sanguíneo, los músculos obtienen el oxígeno y los nutrientes suplementarios que necesitan para funcionar correctamente; así, los residuos químicos producidos por la actividad muscular se eliminan más rápidamente.

Además, este suministro suplementario de sangre aporta otro beneficio. El fluido tisular pasa de la sangre a las células y lubrica las articulaciones, los músculos y los ligamentos y rehidrata los discos intervertebrales de la columna. Esta lubricación suplementaria es necesaria para reducir el riesgo de lesiones en los músculos y ligamentos, y esguinces en las articulaciones.

Empiece lentamente y vaya aumentando la intensidad de forma gradual. Este ejercicio es muy importante en la fase de calentamiento, ya que el objetivo es que el cuerpo se acostumbre a la nueva actividad física.

OBJETIVO

Incrementar el flujo circulatorio en todas las partes del cuerpo, especialmente en músculos y articulaciones como método de preparación para los siguientes ejercicios.

¿Es adecuado en mi caso?
Los ejercicios de calentamiento son adecuados para todos los tipos de espalda, excepto si existe un problema de espalda grave como hernia discal (págs. 14-15) o ciática (págs. 80-81).

Si lo prefiere, puede sustituir la carrera por otros ejercicios que aceleren el ritmo cardíaco, como los saltos de esquí, en los que a cada salto se cae con una pierna distinta y el brazo opuesto levantado.

PRECAUCIÓN

Si está en los tres últimos meses de embarazo, omita el movimiento de los brazos y utilícelos para sostener el vientre. Tampoco ejecute la fase de carrera de este ejercicio.

1 Colóquese de pie y tense los músculos del estómago. Camine sin moverse del sitio y balancee los brazos hacia delante y hacia atrás adelantando el brazo opuesto a la pierna adelantada. **Camine durante 1 minuto.**

Relaje los hombros

2 Vaya subiendo las rodillas de forma gradual hasta la altura de la cadera y siga balanceando los brazos, pero ahora ha de tocar con la mano opuesta la rodilla levantada. **Realice este ejercicio durante 3 minutos.**

Mantenga la espalda recta

3 **Corra suavemente sin desplazarse durante 3 minutos.** Levante los brazos en cruz, lleve las manos hasta los hombros, extienda los brazos a ambos lados y vuelva a llevar las manos hasta los hombros mientras sigue corriendo. Vaya repitiendo el movimiento de los brazos. **Para terminar el ejercicio, repita el paso 1.**

Apoye los talones cada vez que el pie toque el suelo

VARIACIÓN

Si el paso 3 le parece demasiado enérgico, limítese a la carrera sin mover los brazos. Compruebe que apoya los talones cada vez que el pie toca el suelo.

Estiramiento y rotación del tronco

Los músculos y las articulaciones que permiten la rotación de la espalda no se utilizan con mucha frecuencia y están desequilibrados porque, en función de si una persona es zurda o diestra, tiende a girarse más hacia un lado o hacia el otro. Esto comporta que los músculos sean vulnerables a las tensiones imprevistas. El estiramiento y la rotación del tronco contribuyen a reducir esta vulnerabilidad.

Con este ejercicio se giran y estiran la parte superior e inferior de la espalda alternativamente para relajar las articulaciones de los hombros, la columna vertebral, la caja torácica y la pelvis como preparación para los ejercicios principales. Si se practica regularmente, el ejercicio de estiramiento y rotación del tronco también ayuda a modelar la cintura.

Es importante hacerlo para minimizar el riesgo de desgarros en músculos y ligamentos y esguinces en las articulaciones al pasar a los ejercicios principales. El hecho de mover las articulaciones sirve también para acostumbrar al cuerpo a este tipo de actividad, para realizar los ejercicios con mayor comodidad y trabajar mejor los posibles desequilibrios o debilidades con los ejercicios principales.

No realice los ejercicios de calentamiento de una forma demasiado brusca. En el paso 1 debe ser consciente de que sólo mueve la parte superior del cuerpo y sólo la inferior en el paso 2. Ejecute los movimientos lentamente y no sobrepase sus límites.

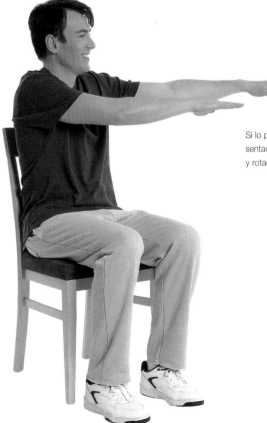

Si lo prefiere, puede realizar sentado el paso 2 de estiramiento y rotación del tronco.

OBJETIVO

Desentumecer las articulaciones y los ligamentos de la columna, los músculos de las costillas y las vértebras, los músculos oblicuos del estómago y los de la espalda y aumentar el riego sanguíneo como preparación para realizar los siguientes ejercicios.

¿Es adecuado en mi caso?

Este ejercicio es adecuado para todos los tipos de espalda. Es importante que trabaje a su ritmo y que no se exceda.

1 Colóquese de pie, con las rodillas ligeramente dobladas y los pies en línea con los hombros. Extienda los brazos en cruz a la altura de los hombros.

Mantenga los pies paralelos

VARIACIÓN

Siéntese en una silla con las piernas separadas a la misma distancia de las caderas. Inclínese hacia delante alargando una mano hasta tocar el pie contrario. Apoye la otra mano en la silla. Cuente hasta 3 y después incorpórese poco a poco hasta recuperar la posición inicial. Realice el mismo movimiento con la otra mano. Repita cada movimiento 10 veces.

2 Desplace los brazos horizontalmente girando de un lado al otro. Mantenga los brazos rectos y las caderas inmóviles en la medida de lo posible. **Gire 10 veces a cada lado.** Para terminar, vuelva a poner los brazos en cruz.

Mantenga inmóvil la parte inferior del cuerpo

La parte superior del cuerpo debe mirar hacia delante y mantenerse inmóvil

3 Con los brazos en jarras, levante el talón del suelo y gire la pierna y la punta del pie hacia la otra pierna para que la rodilla quede dirigida hacia dentro. Vuelva a la posición inicial y, a continuación, realice el mismo movimiento con la otra pierna de manera que el ejercicio sea seguido y rítmico. **Repita la secuencia 5 veces.**

Inclinación anterior

Los ligamentos que sostienen la espalda se endurecen porque no suelen estirarse hacia delante y hacia abajo a diario. Como consecuencia de ello, pueden desgarrarse fácilmente al efectuar un movimiento brusco como doblar la espalda de forma incorrecta para levantar algo del suelo. Con la inclinación anterior podrá reducir el riesgo de lesión.

Este ejercicio reduce la tensión de los ligamentos y los músculos y sirve para extender y ejercitar la columna cuando está doblada y arqueada. Si lo elimina de la actividad de calentamiento, existe el riesgo de que un estiramiento excesivo de los ligamentos durante los ejercicios principales le ocasione espasmos musculares y un gran dolor, además de poner más tensión aún en los ligamentos.

El ejercicio de inclinarse hacia delante es muy sencillo y, sin embargo, normalmente se efectúa incorrectamente. Siga atentamente todos los pasos teniendo en cuenta su flexibilidad y dóblese sólo hasta donde pueda.

En el paso 2 no debe forzarse a tocar el suelo ni rebotar. Si se relaja, el propio peso de la parte superior del cuerpo se encargará de estirar los músculos de la espalda. En el paso 3, tampoco debe arquear la espalda en exceso. Lo que se pretende es un leve movimiento de 15 grados para evitar un exceso de presión en la parte inferior de la espalda. Es fundamental que estos movimientos sean lentos y controlados.

Cuando levante objetos del suelo o de una superficie baja, agáchese doblando las rodillas en lugar de la espalda para evitar lesiones.

OBJETIVO

Trabajar la columna para estirar los grandes músculos de la espalda, los muslos y el estómago y abrir la caja torácica.

¿Es adecuado en mi caso?

Este ejercicio es adecuado para todos los tipos de espalda. Si tiene la espalda plana siga las instrucciones al pie de la letra. Si tiene la espalda hundida, intercambie el orden de los pasos 2 y 3 para terminar doblando la espalda hacia delante.

Relaje los hombros

1 Colóquese de pie con los pies en línea con los hombros y las rodillas ligeramente dobladas. Contraiga los músculos del estómago e incline la pelvis.

VARIACIÓN

Si tiene problemas en el cuello, los músculos del estómago débiles o falta de equilibrio, quizá sea mejor realizar la siguiente variación: túmbese de lado en el suelo y encójase hasta quedar en posición fetal, cuente hasta 10 y estírese tensando y arqueando la espalda. Repita el ejercicio 5 veces.

La barbilla está centrada y relajada

Las rodillas están ligeramente dobladas

Los abdominales están en tensión

2 Dóblese lentamente hacia delante desde la cadera hasta notar cómo se estira el ligamento de la corva. Deje caer las manos hacia el suelo para estirar un poco más los músculos de la espalda. **Quédese en esta posición y cuente hasta 30.** A continuación, incorpórese poco a poco, vértebra a vértebra.

PRECAUCIÓN

No se arquee hacia atrás más de 15 grados, especialmente si le falta fuerza en los músculos del estómago o tiene problemas en el cuello. No deje caer la cabeza hacia atrás. Compruebe que no tiene las rodillas bloqueadas, de lo contrario ejercería una gran presión en la parte inferior de la espalda.

3 Póngase las manos en la nuca para aguantar el cuello e inclínese unos 15 grados hacia atrás. Empuje los codos hacia atrás para expandir la caja torácica y arquee toda la columna (no sólo la parte inferior). **Quédese en esta posición y cuente hasta 30**, después, contraiga los músculos del estómago para volver a ponerse recto. **Repita el ejercicio entre 3 y 5 veces**.

Rotación de caderas

Si permanece de pie o sentado gran parte del día, como es el caso de muchas personas en el trabajo, es posible que el peso de la parte superior del cuerpo comprima las articulaciones vertebrales de la parte inferior de la espalda, factor que puede reducir la flexibilidad, especialmente cuando intenta girarse. Las rotaciones de caderas le ayudarán a conservar la flexibilidad necesaria para girarse.

Este ejercicio estimula la parte inferior de la espalda y la prepara para ejercicios principales en los que se trabaja la flexibilidad, como el balanceo con el método Pilates (véanse págs. 50-51) y los abdominales cruzados (véanse págs. 68-69). Ayuda a desentumecer y calentar los pequeños músculos y ligamentos que sostienen la columna en la parte inferior de la espalda y a endurecer los abdominales.

Girarse implica realizar, con todas las articulaciones vertebrales, leves movimientos que se combinan para crear el movimiento completo. Como es imposible concentrarse en cada una de las vértebras, las oscilaciones amplias y rítmicas que se efectúan con la rotación de caderas garantizan el calentamiento de los tejidos.

La región torácica de la columna es la que tiene mayor capacidad de rotación, pero este ejercicio contribuirá a que todas las áreas de la columna puedan realizar este movimiento.

Una variación de la rotación de caderas puede efectuarse en una silla giratoria para alcanzar cierto movimiento de giro. Deje que las rodillas caigan hacia un lado mientras sus brazos se extienden hacia el opuesto.

OBJETIVO

Trabajar la parte inferior de la espalda, las caderas y los muslos, fortalecer los músculos abdominales y estirar los pequeños músculos y ligamentos intervertebrales de la región lumbar.

¿Es adecuado en mi caso?

Este ejercicio es adecuado para todos los tipos de espalda. Es especialmente útil para las personas que pasan muchas horas al día sentadas o de pie.

1 Colóquese de pie, con los pies separados en línea con los hombros, las rodillas ligeramente dobladas y las manos apoyadas en la cintura. Contraiga los músculos del estómago.

Mantenga la pelvis metida y los músculos abdominales en tensión

VARIACIÓN

Si le resulta complicado describir círculos, practique el siguiente movimiento: de pie y con los pies en línea con las caderas, gire éstos de un lado al otro contoneando las caderas. Puede colocarse una toalla en la parte superior de las nalgas y sujetarla por los dos extremos para ser más consciente de los movimientos.

2 Describa un círculo con las caderas, pero manteniendo el cuerpo inmóvil de forma que el movimiento se produzca sólo en la región lumbar de la columna, en la pelvis y las caderas. **Realice este movimiento 10 veces** y, a continuación, **repítalo 10 veces girando en sentido contrario.**

Las rodillas están ligeramente flexionadas

La cabeza debe mantenerse centrada

3 Vuelva a adoptar la posición inicial, mantenga inmóvil la parte inferior del cuerpo, por debajo de la cintura, y describa círculos sólo con el tronco. **10 giros en un sentido y 10 en el sentido opuesto.**

Relajar el cuello

Muchas personas que tienen los hombros caídos o que se pasan la mayor parte del día encorvados sobre un escritorio padecen dolores de cabeza como consecuencia de la tensión muscular. La combinación de una mala postura y músculos tensos o bloqueados suele ocasionar problemas de cuello o de hombros. Este ejercicio, que sirve para relajar el cuello, le ayudará a evitar esos dolores de cabeza.

Este movimiento destensa y relaja los músculos y las articulaciones del cuello y la zona alta de la espalda y reduce la tensión innecesaria en los músculos del cuello y los hombros. Los músculos más importantes de esta región son los trapecios, que van desde ambos lados del cuello hasta la parte posterior de los hombros y suelen acumular mucha tensión.

Cuando no está correctamente sentado y tiene los hombros caídos y la cabeza inclinada hacia delante, los músculos del cuello y de los hombros se contraen para evitar que caiga hacia delante.

Este estado casi permanente de contracción provoca espasmos en las fibras musculares y la formación de nudos.

Es importante que realice este movimiento antes que cualquiera de los ejercicios principales relacionados con el cuello o los hombros. De lo contrario, correrá el riesgo de sufrir un desgarro muscular en el lugar donde se han formado los nudos. Otra ventaja de relajar el cuello es que puede ejecutar el movimiento tanto de pie como sentado y que, además de relajante, es muy beneficioso.

La relajación del cuello es uno de los ejercicios esenciales de calentamiento y sirve asimismo para aliviar las tensiones. Puede realizarlo discretamente siempre que note un aumento de tensión en el cuello.

OBJETIVO

Aumentar la flexibilidad relajando las articulaciones del cuello y los hombros y reducir la tensión ejercida sobre los músculos de esta zona.

¿Es adecuado en mi caso?

Este ejercicio es adecuado para todos los tipos de espalda. Es especialmente útil para personas con los hombros caídos o que pasan largos períodos sentados en una mesa de trabajo.

PRECAUCIÓN

No debe realizar este ejercicio si tiene problemas de cuello o sufre arteritis (inflamación de las arterias) sin consultar antes con un médico o un fisioterapeuta.

Relaje los hombros

Realice los movimientos del cuello lentamente y de forma controlada

1 Colóquese de pie y describa círculos hacia atrás con los dos hombros a la vez. **Describa 3 giros hacia atrás y otros 3 hacia delante.**

2 A continuación, manteniendo los hombros y la cabeza al mismo nivel, gire ésta para mirar hacia atrás por encima de un hombro y después del otro. **Repita el movimiento 3 veces en cada lado.**

3 Con los hombros inmóviles, incline la cabeza hacia un lado como si quisiera tocar el hombro correspondiente con la oreja. Cuente hasta 3 y vuelva a la posición inicial. **Realice el movimiento 3 veces** y, a continuación, **incline la cabeza hacia el otro hombro.**

4 Lentamente, **describa 3 círculos con la cabeza** (hacia un lado, hacia el pecho, hacia el otro lado y de nuevo al centro). **Trace 3 círculos en sentido contrario. Para terminar la secuencia, repita el paso 1.**

EJERCICIO COMPLEMENTARIO

Una vez estirados los músculos y ligamentos y activadas las articulaciones, es importante que vuelva a acelerar el ritmo cardíaco como punto final del programa de calentamiento antes de pasar a los ejercicios principales: vuelva a las páginas 24-25 para repetir el ejercicio de marcha y carrera.

Ejercicios principales

Los ejercicios de esta sección son adecuados tanto para evitar la aparición de los problemas de espalda como para aliviar el dolor. El objetivo es corregir posibles problemas posturales, aumentar el tono muscular, mejorar la flexibilidad y sustentar mejor la columna vertebral.

La mayor parte de los ejercicios de las páginas siguientes son aptos para todo el mundo, pero si sufre algún problema específico, lea la información que aparece en la introducción del libro y en los cuadros «Objetivo», «¿Es adecuado en mi caso?» y «Precaución» de cada uno de los ejercicios.

Cuando cree su tabla de ejercicios, procure que sea equilibrada:
- incluya varios ejercicios destinados a toda la espalda (págs. 36-51) para mejorar el tono general y la flexibilidad;
- realice unos cuantos ejercicios para la parte superior de la espalda (págs. 52-65), especialmente si tiene los hombros caídos o pasa la mayor parte del día sentado en un escritorio por motivos de trabajo;
- efectúe unos cuantos ejercicios para la parte inferior de la espalda (págs. 66-77), especialmente si pasa mucho tiempo conduciendo o agachándose y levantando objetos pesados;
- incluya sobre todo algunos ejercicios para fortalecer los músculos abdominales, que constituyen el soporte vital de la columna.

Las flechas que aparecen en algunos pasos de los ejercicios le ayudarán a entender a primera vista los principales movimientos. Encontrará también consejos sobre las mejores posturas y técnicas para realizar los ejercicios.

Inclinaciones pélvicas

La parte inferior de la columna soporta el peso de toda la parte superior del cuerpo, en especial cuando la persona está sentada. Cuando esta zona es excesivamente plana o está muy hundida, las vértebras deben soportar mayor tensión y puede producirse dolor en la parte baja de la espalda, así como con la edad, osteoartritis. Las inclinaciones de la pelvis ayudan a prevenir estas secuelas.

Este ejercicio sirve para trabajar la parte inferior de la espalda y ayuda a corregir una espalda demasiado plana o arqueada en exceso.

Aunque no es un ejercicio complicado, muchas personas lo encuentran difícil, especialmente cuando hay que arquear la espalda. Lo mejor es aprender el ejercicio tumbado, practicarlo sentado y después realizarlo de pie. Siguiendo esta gradación, se acentúan los beneficios que ejerce sobre la postura.

EJERCICIO AVANZADO

Debe realizar el ejercicio de pie, con los pies separados en línea con las caderas, las rodillas ligeramente dobladas, la pelvis centrada y las manos apoyadas en la cintura. Contraiga los músculos del estómago, incline primero las caderas hacia delante y después hacia atrás, hasta que las nalgas sobresalgan. Cuando se acostumbre al movimiento, oscile 10 veces hacia delante y hacia atrás.

También puede practicar la inclinación pélvica al realizar las actividades cotidianas. Meta la pelvis cuando levante y transporte objetos para evitar daños en la espalda.

OBJETIVO

Trabajar la parte inferior de la espalda, lubricar los discos intervertebrales, disminuir la rigidez y corregir la postura.

¿Es adecuado en mi caso?

Este ejercicio es adecuado para todos los tipos de espalda. De hecho, es el más útil y beneficioso tanto si se realiza como parte del programa de ejercicios o en los movimientos diarios.

La barbilla está relajada

Las plantas de los pies están apoyadas en el suelo

1 Túmbese de espaldas con las rodillas dobladas y separadas a la misma distancia que las caderas y los pies planos en el suelo. Contraiga los músculos del estómago y apriete la espalda contra la colchoneta para que el cóccix toque el suelo pero sin levantar la parte superior de la espalda. **Mantenga la posición y cuente hasta 5.**

Las rodillas están separadas a la misma distancia que las caderas

Respire hondo al realizar el ejercicio

2 Arquee la parte inferior de la espalda dejando que el cóccix siga en contacto con el suelo. **Cuente hasta 5 y repita los pasos 1 y 2 cinco veces seguidas** en un movimiento continuo. Para terminar, relaje la espalda (la columna no debe estar ni plana ni arqueada).

VARIACIÓN

Siéntese derecho en una silla con los pies apoyados en el suelo. Mantenga la parte superior de la espalda recta, meta el estómago de manera que quede sentado sobre la rabadilla y la parte alta de las nalgas. Después, enderécese al máximo arqueando la parte inferior de la espalda hasta apoyarse en el extremo inferior de la rabadilla y los muslos. Repita los movimientos 10 veces. Con la práctica podrá convertirlos en un movimiento de oscilación para ejercitar los músculos incluso aunque esté sentado a la mesa de trabajo.

Balanceo con las piernas cruzadas

Hay muchos ejercicios para la espalda que no tienen en cuenta los músculos oblicuos y rotatorios ni los ligamentos que sujetan la columna. Por ello, dichos músculos pueden endurecerse y perder flexibilidad, con lo que la espalda es más vulnerable a las lesiones provocadas por movimientos repentinos.

OBJETIVO

Fortalecer los músculos rotatorios y oblicuos y relajar la tensión que acumulan. Mejorar la flexibilidad estimulando los ligamentos y las articulaciones intervertebrales de la parte inferior de la espalda.

¿Es adecuado en mi caso?

Este ejercicio es adecuado para todos los tipos de espalda y muy útil para las personas que padecen ciática (véanse también págs. 80-81). Si el dolor le recorre la pierna derecha, cruce la pierna izquierda por encima de la derecha y a la inversa en el caso contrario.

El objetivo de este ejercicio es fortalecer los músculos rotatorios y oblicuos, que intervienen en movimientos tan frecuentes como salir de un automóvil o cargar maletas.

Las personas que suelen sentarse con las piernas cruzadas considerarán muy fácil el ejercicio porque ya tienen estirados los ligamentos y los pequeños músculos de la columna.

EJERCICIO AVANZADO

Adopte la posición inicial del ejercicio pero extienda los brazos en cruz a la altura de los hombros con las palmas mirando hacia arriba. Pase una pierna por encima de la otra y lleve la mano correspondiente a la pierna que está debajo hasta el codo del otro brazo. Manténgase en esta posición y cuente hasta 5. A continuación, cambie de pierna y de brazo. Repita todo el ejercicio 4 veces.

El ejercicio avanzado de balanceo con piernas cruzadas sirve para girar y estirar todo el cuerpo. Ganará en movilidad y flexibilidad.

1 Túmbese con las rodillas dobladas y separadas a la misma distancia que las caderas y los pies planos en el suelo. Coloque las manos detrás de la nuca y apoye los hombros en el suelo. Contraiga los abdominales y cruce las piernas.

Relaje los hombros

Mantenga el tronco plano en el suelo

2 Con la parte superior del cuerpo plana en el suelo, utilice la pierna que está encima para inclinar la rodilla contraria hacia un lado hasta que note cómo se estiran la cadera y la parte inferior de la espalda. No fuerce el estiramiento hasta que le duela. **Mantenga la posición, cuente hasta 10 y repita 5 veces.**

VARIACIÓN

Éste es uno de los ejercicios más sencillos y con menos estiramiento, pero que alivia perfectamente la tensión de la columna vertebral. Túmbese y adopte la posición del paso 1, pero sin cruzar las piernas. Desplace ambas piernas dobladas hacia un lado hasta tocar el suelo. A continuación, levántelas y desplácelas hacia el otro lado también hasta tocar el suelo. Realice 10 movimientos seguidos de un lado al otro. Los músculos del estómago deben estar contraídos durante todo el ejercicio.

La cabeza debe estar centrada

3 Repita el ejercicio paso a paso cruzando las piernas en sentido contrario.

Abdominales

Los abdominales sostienen la columna vertebral y permiten adoptar una postura correcta. Sin embargo, los de la mayoría de las personas no son suficientemente fuertes para aguantar bien la columna. Con estos ejercicios se fortalecen dichos músculos para que desempeñen mejor su función.

Este ejercicio es una variación de los abdominales tradicionales pero con las rodillas dobladas y levantando sólo levemente la cabeza. No intente sentarse porque los músculos abdominales sólo son capaces de levantar el cuerpo del suelo 30 grados antes de contraer los flexores de las caderas y ejercer presión en la parte inferior de la espalda.

Asimismo ayuda a reducir las tensiones acumuladas en la columna vertebral a lo largo del día y además contribuye a moldear la cintura.

EJERCICIO AVANZADO

Túmbese como en el paso 1, coloque las manos detrás de las orejas y levante los muslos en ángulo recto respecto al suelo. Levante la cabeza y los hombros manteniendo la parte inferior de la espalda plana y los muslos inmóviles. Cuente hasta 3 y relájese, repita el ejercicio 5 veces.

Tendrá que practicar el ejercicio principal antes de pasar al avanzado. Con la práctica, se sentirá cada vez más seguro y podrá hacer más repeticiones.

1 Túmbese de espaldas, doble las rodillas en línea con las caderas y apoye las plantas de los pies en el suelo. Cruce los brazos sobre el pecho y contraiga los músculos del estómago.

Las rodillas están separadas a la misma distancia que las caderas y los pies están paralelos

Mantenga el cuello relajado

2 Levante la cabeza y doble la parte superior del cuerpo hasta formar un ángulo de 30 grados respecto a la colchoneta. Mantenga la cabeza centrada y no separe del suelo la parte inferior de los omóplatos. **Cuente hasta 3.**

Contraiga con fuerza los abdominales

3 Estire la parte superior del cuerpo y descienda vértebra a vértebra. Al principio limítese a 5 repeticiones para asegurarse de que el ejercicio es suave y controlado. Vaya aumentando el número de repeticiones progresivamente hasta 20 al día.

EJERCICIO COMPLEMENTARIO

Realice este ejercicio después de los abdominales para estirar los músculos que ha estado trabajando y aliviar la tirantez. Túmbese de espaldas con los brazos extendidos por encima de la cabeza y las puntas de los pies inclinadas hacia delante. Estírese desde las yemas de los dedos hasta la punta de los pies alargando el cuerpo lo máximo que pueda. Cuente hasta 10, relájese y vuelva a estirarse 3 veces.

Abdominales con piernas en alto

Si pasa largos períodos de pie e inclinado sobre una superficie de trabajo, es muy probable que tenga los hombros caídos, que acumule mucha tensión en la columna y se le hinchen los pies. Este ejercicio abdominal le ayudará a mitigar estos problemas.

Los abdominales con las piernas en alto sirven para estirar toda la espalda y liberar la tensión acumulada en la columna. También fortalecen los músculos abdominales, con lo que mejora la postura y se refuerza la sujeción de la columna.

Al caminar o subir escaleras, las contracciones de los músculos de las piernas impulsan sangre y fluido tisular por las venas y los vasos linfáticos. Este proceso se denomina «bombeo muscular».

En el caso contrario, es decir, cuando una persona permanece de pie y parada durante largos períodos de tiempo, el bombeo muscular es inexistente, de modo que el fluido tisular se acumula en los tobillos y los pies, que se hinchan. Otra ventaja de los abdominales con las piernas en alto es que se activa el bombeo muscular y la gravedad se encarga de drenar el fluido tisular de los pies.

EJERCICIO AVANZADO

Apoye las nalgas en la pared al final del paso 3, coloque los brazos a ambos lados del cuerpo y alargue una mano hacia el tobillo de la pierna contraria levantando levemente el hombro de la colchoneta. Cuente hasta 5 y baje el cuerpo lentamente. Relájese y realice el mismo movimiento hacia el otro lado. Repita el ejercicio 5 veces y, para terminar, ejecute el ejercicio complementario.

OBJETIVO

Estirar la espalda, liberar la tensión acumulada en la columna, fortalecer los músculos abdominales y mejorar el drenaje linfático de las piernas para disminuir la hinchazón de los tobillos.

¿Es adecuado en mi caso?

Este ejercicio es adecuado para todos los tipos de espalda. Es especialmente útil si la persona es un poco cargada de espaldas, tiene debilidad muscular en la zona abdominal o si a veces se le hinchan los pies.

En este ejercicio abdominal el mejor apoyo para las piernas es una pared, ya que puede que sus músculos no sean lo suficientemente fuertes para sostenerlas en esta posición.

Las nalgas deben estar muy cerca de la pared

Debe dejar el cuello relajado

1 Túmbese en el suelo con las piernas levantadas y apoyadas en la pared. Debe colocar las nalgas lo más cerca posible de ésta y mantener las piernas rectas. Extienda los brazos hacia atrás y meta el estómago para que la parte inferior de la espalda esté en contacto con la colchoneta. **Mantenga la posición 2 minutos.**

2 Coloque las manos detrás de la cabeza, mantenga la tensión en los músculos abdominales y levante la cabeza y los hombros del suelo teniendo los codos separados y hacia atrás. No ascienda más de 30 grados y conserve la parte inferior de la espalda pegada al suelo. **Repita el movimiento 5 veces.**

3 Recupere la posición descrita en el paso 1, pero entrelazando las manos y girándolas para empujar hacia fuera. Contraiga y relaje los músculos de las piernas durante dos minutos. A continuación, separe las nalgas de la pared y relájese.

EJERCICIO COMPLEMENTARIO

Practique este movimiento para reducir la tensión acumulada durante el ejercicio en la parte posterior de las piernas y la región lumbar de la columna. Túmbese boca abajo, apoye la frente en las manos y levante los hombros y la cabeza del suelo. Cuente hasta 3 y repita el movimiento 5 veces.

Contraiga los músculos abdominales

Debe mantener los hombros apoyados en el suelo

Expansión dorsal

Si pasa largos períodos de tiempo de pie o sentado, puede que los discos intervertebrales empiecen a comprimirse, con lo que pierden fluido y se contraen. Este ejercicio le ayudará a neutralizar este problema y a evitar el malestar que le causaría.

Con este ejercicio se estiran los músculos y ligamentos intervertebrales y aumenta la flexibilidad. También sirve para abrir los lados de la columna próximos al estómago y permitir que los discos intervertebrales se llenen de líquido y se expandan para desempeñar mejor su función como amortiguadores. Para practicar este ejercicio necesitará una toalla enrollada.

Cuando una persona pasa todo un día de pie, la compresión espinal puede ocasionarle una reducción de estatura de hasta 3 cm. Afortunadamente, los discos reabsorben agua durante la noche, cuando estamos tumbados, y por la mañana ya han recuperado su grosor normal. No obstante, mientras la columna está comprimida, las articulaciones intervertebrales ejercen presión unas sobre otras y tensan los músculos y ligamentos, de forma que la columna pierde flexibilidad.

EJERCICIO AVANZADO

Cuando la espalda se haya desentumecido, puede utilizar una barra de gimnasia para aumentar el arco de la columna en lugar de la toalla enrollada. Encontrará estas barras en cualquier tienda de deporte.

Coloque las manos en la parte inferior de la espalda y arquéela levemente para relajar la tensión acumulada al realizar actividades que impliquen movimientos de inclinación o estiramiento, por ejemplo para alcanzar un objeto situado en una estantería baja.

OBJETIVO

Estirar cualquier músculo o ligamento intervertebral que esté tenso y contrarrestar los efectos negativos de permanecer sentado o de pie durante largos períodos abriendo la parte anterior de la columna próxima al estómago para que los discos puedan reabsorber agua.

¿Es adecuado en mi caso?

Este ejercicio es adecuado para todos los tipos de espalda y especialmente útil para aquellas personas que llevan un estilo de vida sedentario o tienden a encorvarse.

Mantenga la cabeza centrada

1 Túmbese de espaldas con las rodillas dobladas y separadas a la misma distancia que las caderas, y con las plantas de los pies en el suelo. Levante las nalgas de éste y colóquese una toalla enrollada debajo de la rabadilla y las caderas. Apóyese en la toalla y deje los brazos a los lados, pero ligeramente separados del cuerpo.

Relájese en esta posición

2 Al estirar las piernas, el cuerpo quedará arqueado encima de la toalla. Tómese entre 1 y 10 minutos para relajarse completamente en esta posición, según el tiempo que necesite.

Mantenga las rodillas en línea con las caderas y los pies paralelos

3 Doble nuevamente las rodillas y levante el cuerpo para retirar la toalla. A continuación, apoye las nalgas otra vez en el suelo y relájese.

EJERCICIO COMPLEMENTARIO

Después del ejercicio principal, debe realizar este ejercicio para igualar el nivel de estiramiento de las partes delantera y trasera de la columna. Acerque las rodillas al pecho y balancéelas hacia delante y hacia atrás suavemente 3 veces para estirar la columna en el sentido opuesto al del ejercicio principal.

El gato

A lo largo del día se va eliminando el líquido que contienen los discos intervertebrales y se reduce el espacio que los separa. Con ello aumentan las posibilidades de desgaste de los discos y de inflamación de las articulaciones facetarias. El gato reduce el riesgo de aparición de este tipo de problemas.

Este ejercicio fortalece los músculos abdominales y refuerza la sujeción que proporcionan a la columna, estira ésta y abre las vértebras para que los discos reabsorban líquido. Al tratarse de un ejercicio relajante, ofrece una ventaja adicional porque reduce la tensión en los músculos erectores que recorren los laterales de la columna. El gato le será muy beneficioso si pasa muchas horas del día sentado o de pie.

EJERCICIO AVANZADO

Partiendo de la posición arqueada del paso 3, inspire y espire a medida que vaya descendiendo para sentarse sobre los talones. Mantenga la cabeza recta mirando al suelo. Notará cómo se estira toda la espalda, cuente hasta 3 y vuelva a la posición inicial.

OBJETIVO

Separar las vértebras para que los discos intervertebrales recuperen el fluido perdido a lo largo del día y para fortalecer los músculos que sujetan la columna.

¿Es adecuado en mi caso?

Este ejercicio es adecuado para personas con la espalda normal o hundida. Si tiene la espalda plana, realice el paso 3 antes que el 2.

Puede ejecutar sólo el ejercicio avanzado para aliviar la tensión después de pasar un largo rato de pie o sentado en la misma postura o integrarlo en el programa de ejercicios.

*Empiece el ejercicio
con la espalda recta*

1 Arrodíllese con las manos apoyadas en el suelo en línea con los hombros y las caderas en línea con las rodillas. Contraiga los músculos del estómago y mantenga la columna recta. Respire de forma natural.

2 Espire mientras levanta la cabeza y arquea hacia abajo la parte inferior de la espalda. Relaje ésta lo máximo que pueda sin llegar a sentir molestias. **Cuente hasta 3.**

Los brazos están ligeramente doblados

Meta la pelvis

VARIACIÓN

Si tiene los hombros caídos, intente hacer el ejercicio con los dedos de la mano girados hacia las rodillas. Así se consigue poner recta la parte superior de la espalda y sólo puede arquearse la parte inferior.

3 Inspire y baje la cabeza arqueando hacia arriba la parte inferior de la espalda. Estire ésta lo máximo que pueda sin llegar a sentir molestias. **Cuente hasta 3.** Vuelva a la posición inicial y respire de forma natural. **Repita el ejercicio 5 veces.**

Rotación de la columna

A muchas personas les cuesta volverse hacia atrás para mirar algo porque la columna tiene una capacidad de rotación limitada. Este tipo de movimiento es aún más difícil cuando la columna no se utiliza regularmente. El ejercicio de rotación ayuda a remediar el problema.

El ejercicio sirve para estirar los músculos y ligamentos de toda la espalda, incluidos los de la caja torácica, y mejorar la flexibilidad para que pueda girarse fácilmente y mirar a ambos lados. Asimismo, puede paliar un problema tan extendido como el de tener mayor flexibilidad hacia un lado que hacia el otro.

La rotación de la columna es muy útil para la región torácica. En comparación con el resto de las vértebras, las de esta zona tienen un movimiento muy limitado hacia delante y hacia atrás aunque, en realidad, son las que mayor capacidad de rotación tienen.

EJERCICIO AVANZADO

Realice el ejercicio tal como se explica en la página siguiente, pero descruzando y doblando las piernas antes de intentar girarse más en el paso 3 (véase página siguiente). Apoye las dos rodillas en el suelo y mantenga fija la mano que tiene detrás.

El movimiento que se practica en este ejercicio avanzado le será útil para girarse con mayor facilidad en las actividades cotidianas, por ejemplo volverse para observar el tráfico al incorporarse a una vía cuando esté conduciendo.

OBJETIVO

Aumentar la capacidad de rotación de la columna y girarse a ambos lados con la misma facilidad.

¿Es adecuado en mi caso?

Este ejercicio es adecuado para todos los tipos de espalda.

Mantenga la espalda recta

1 Siéntese en el suelo con las piernas rectas justo delante del cuerpo y las manos apoyadas a ambos lados. Doble una pierna y crúcela por encima de la otra, que mantendrá estirada.

Relaje los hombros

2 Doble el brazo del lado de la pierna estirada y apóyelo sobre la parte exterior del muslo de la pierna doblada colocando el codo a la altura de la rodilla para mantener la pierna inmóvil.

La mano está mirando hacia atrás

La cabeza debe girar de forma natural con el tronco

3 Coloque la otra mano en el suelo detrás del cuerpo. A continuación, gire la cabeza y el cuerpo para mirar hacia atrás. **Mantenga la posición, relájese y cuente hasta 10,** después intente girar un poco más el cuerpo. Cuente hasta 5 y vuelva a la primera posición de giro. Repita el segundo giro 3 veces y practique toda la secuencia con la mano y la pierna contrarias.

Balanceo según el método Pilates

La lordosis lumbar, una curvatura acentuada en la región lumbar de la columna, se debe principalmente a la debilidad de los músculos abdominales y a una postura incorrecta, dos factores que pueden causar dolor de espalda e incluso ciática. El ejercicio de balanceo previene y corrige este problema.

Este ejercicio, que forma parte del método Pilates, aplana la parte inferior de la espalda y fortalece los músculos rectos del abdomen, que son de vital importancia porque contrarrestan el efecto de los músculos de la espalda, sostienen la columna por delante y sujetan los órganos abdominales. Este método fue inventado por el alemán Joseph H. Pilates en el siglo XIX. De niño padeció asma, raquitismo y fiebre reumática y, tras superar todos estos problemas de salud, se dedicó al estudio de diversas técnicas de ejercicio occidentales y orientales que combinó con sus conocimientos de anatomía para crear su propia técnica. Actualmente, el método Pilates es conocido en todo el mundo.

Al efectuar este ejercicio, debe mantener en todo momento la barbilla y el estómago metidos y respirar hondo. El balanceo debe realizarse sobre una colchoneta gruesa que proteja las apófisis espinosas al oscilar suavemente hacia delante y hacia atrás.

EJERCICIO AVANZADO

Practique el ejercicio tal como se describe en la página siguiente, pero al llegar al paso 3, estire las piernas estando aún ligeramente doblado. Mantenga la posición, cuente hasta 5 y vuelva al paso 3. Repita el ejercicio completo 5 veces.

El balanceo le será de gran ayuda en actividades que impliquen el uso de los músculos del estómago para mantener el cuerpo derecho, por ejemplo atarse los cordones de los zapatos estando de pie y apoyado sólo sobre una pierna.

OBJETIVO

Fortalecer los músculos abdominales para reforzar la sujeción de la columna y corregir posibles desequilibrios del centro de gravedad del cuerpo. Estirar y aplanar la columna cuando existe una curva excesiva en la parte inferior de la espalda.

¿Es adecuado en mi caso?

Este ejercicio es adecuado para todos los tipos de espalda. Es especialmente útil para personas con músculos abdominales débiles o espalda hundida.

1 Siéntese en el suelo con las rodillas dobladas cerca del pecho y la barbilla metida. Rodee las piernas dobladas con los brazos.

Mantenga la cabeza centrada

VARIACIÓN

Siéntese en una silla y coloque las palmas de las manos en el borde del asiento y debajo de los muslos de forma que la espalda quede curvada. Curve también los hombros y meta la barbilla hacia el pecho. Levante las piernas del suelo y baje la frente para acercarla lo máximo que pueda a las rodillas. A continuación, vuelva a bajar las piernas al suelo. Repita el movimiento 5 veces.

2 Inclínese hacia atrás hasta que los pies se despeguen del suelo y esté sentado sobre el extremo inferior de la rabadilla. **Mantenga el equilibrio en esta posición y cuente hasta 5.**

Las rodillas deben estar juntas

Mantenga los abdominales contraídos

3 Inclínese un poco más hacia atrás y apóyese en toda la rabadilla. Después balancéese hacia delante otra vez y vuelva a sentarse en el extremo inferior de la columna. **Realice el balanceo 5 veces.**

Rotación de hombros

Muchas personas se pasan el día sentadas en un escritorio y no son conscientes de que tienen los hombros muy cargados y tensos y el pecho contraído. Esta postura comprime las vértebras, disminuye la capacidad respiratoria y puede causar espasmos musculares, dolores de cabeza a causa de la tensión y molestias en el cuello y el pecho. La rotación de hombros ayuda a evitar todos estos perjuicios.

Este ejercicio sirve para desentumecer los hombros, el cuello, los omóplatos y las articulaciones que unen las costillas a la columna vertebral y al esternón. Será más flexible para que usted realice movimientos con la parte superior del cuerpo y respirará mejor.

La rotación de hombros también reduce la tensión acumulada en los músculos y ligamentos y permite que los discos intervertebrales absorban fluido, con lo que se reduce el desgaste de la columna y se retrasa la aparición de la osteoartritis. Es una forma magnífica de aliviar la tensión rápidamente.

EJERCICIO AVANZADO

Trace 5 círculos con los dos brazos simultáneamente moviéndolos en dirección contraria: uno hacia delante y el otro hacia atrás. Repita el ejercicio cambiando el sentido de movimiento de los brazos. Para realizar este movimiento necesita flexibilidad y coordinación. Al finalizar el ejercicio debe trazar círculos desplazando ambos brazos hacia atrás para abrir la caja torácica.

Algunas personas no llegan a dominar la técnica de este ejercicio avanzado porque requiere mucha coordinación.

OBJETIVO

Mejorar la capacidad respiratoria y prevenir los dolores de cabeza debidos a la tensión trabajando las articulaciones torácicas. De este modo se reducen las posibilidades de sufrir molestias en los músculos del cuello, la parte superior de la espalda y los hombros.

¿Es adecuado en mi caso?

Este ejercicio es adecuado para todos los tipos de espalda. Si tiene la espalda plana, termine el ejercicio describiendo los círculos hacia delante en lugar de hacia atrás (véase el paso 3).

1 Siéntese con la parte inferior de la espalda recta. Describa **5 círculos** con los hombros moviéndolos hacia atrás y, a continuación, muévalos hacia delante **5 veces**.

Los pies están apoyados en el suelo

Mantenga la cabeza centrada

2 Describa círculos con los codos en lugar de hacerlo con los hombros. Muévalos lentamente **5 veces** hacia atrás y **5 veces** hacia delante.

3 Para completar el ejercicio, extienda los brazos y describa **5 círculos** completos hacia atrás para abrir el pecho y estirar los músculos del cuello.

No arquee la espalda

VARIACIÓN

Si no tiene un taburete o una silla, puede realizar toda la secuencia de pie. No obstante, piense que debe mantener inmóvil la parte inferior de la espalda y colocar la pelvis con la inclinación correcta. La parte inferior de la espalda no debe estar arqueada porque, de lo contrario, recibirá una presión excesiva.

Expansión pectoral

Un estilo de vida sedentario implica una excesiva tensión en los músculos pectorales y torácicos. Para compensar esta contracción, los músculos de la parte superior de la espalda se estiran y los omóplatos pueden quedar inmóviles. En algunas zonas dorsales los músculos se tensan, duelen y forman nudos. La expansión pectoral le ayudará a prevenir este tipo de dolor.

Este sencillo ejercicio sirve para abrir la zona pectoral: ensancha los pectorales y fortalece los trapecios. Moviendo estos músculos se expande la caja torácica y se estiran los ligamentos y músculos que unen las costillas a la columna por la parte posterior y al esternón por la parte anterior.

Este ejercicio facilita y mejora la capacidad respiratoria, se reduce la tensión y se trabajan los omóplatos, así que los movimientos cotidianos, como girarse, pueden realizarse con mayor comodidad.

coloque una mano sobre la otra. Separe los codos por completo desplazándolos hacia atrás a la altura de los hombros (véase la página siguiente) de forma que los omóplatos se unan. Repita el movimiento 5 veces. Para terminar, respire hondo manteniendo los brazos separados. Cuente hasta 10 y relájese. Al realizar este ejercicio, procure no subir los hombros y mantenerlos relajados.

EJERCICIO AVANZADO

De pie o sentado, extienda los brazos delante del cuerpo en línea con los hombros. Doble los codos manteniendo la horizontal con los hombros y

Puede practicar el ejercicio avanzado en cualquier lugar y momento. Inténtelo al realizar una pausa en el trabajo para aliviar la tensión.

OBJETIVO

Compensar los hombros caídos expandiendo la caja torácica, relajar las articulaciones costovertebrales, trabajar la región torácica de la columna y estirar los músculos pectorales.

¿Es adecuado en mi caso?

Es adecuado para todos los tipos de espalda, pero resulta especialmente útil para personas que desarrollan un trabajo sedentario y tienen los hombros caídos, una curvatura torácica excesiva o el pecho salido.

Relaje los hombros

1 Para adoptar la posición inicial, siéntese derecho en una silla y extienda ambos brazos delante del cuerpo en línea con los hombros. Mantenga la espalda recta.

No deje caer la cabeza hacia delante

2 Levante los antebrazos de manera que formen un ángulo recto con los brazos y acérquelos hasta juntar las palmas de las manos y la parte interior de los antebrazos. **Cuente hasta 10 en esta posición** y con los hombros relajados.

Mantenga la espalda recta

3 Separe los brazos manteniendo los codos doblados a la altura de los hombros hasta que note cómo se unen los omóplatos en la espalda. **Mantenga la posición y cuente hasta 10 para luego repetir la secuencia 5 veces**. Al final del ejercicio, respire hondo con los brazos separados, **cuente hasta 10** y relájese.

VARIACIÓN

Realice el movimiento descrito como ejercicio principal, pero empezando con los codos a la altura de la cintura. Vaya elevándolos con cada repetición hasta llegar a la altura de los hombros. Repita el movimiento 5 veces en total.

Entrelazar los antebrazos

Debido a la falta de ejercicio y una postura incorrecta, las articulaciones intervertebrales y sus ligamentos pueden quedar dañados e incluso dificultar la respiración. Entrelazar los antebrazos le ayudará a desentumecer estas articulaciones y conservar la flexibilidad.

A diferencia del resto de las vértebras, las torácicas están unidas a las costillas mediante las articulaciones costovertebrales. Con este ejercicio, se estiran las articulaciones costovertebrales y los ligamentos que las envuelven para que la caja torácica sea flexible y pueda expandirse totalmente al inspirar. Actividades diarias como alargarse para alcanzar un objeto en un estante alto o subir escaleras le resultarán más sencillas.

Este ejercicio es importante en la medida en que la tensión acumulada en la zona alta de la espalda puede impedir el movimiento completo de las costillas al respirar y limitar no sólo la flexibilidad, sino la capacidad respiratoria. Si practica este ejercicio habitualmente, reducirá el riesgo de aparición de estos problemas y su espalda estará siempre en buenas condiciones.

EJERCICIO AVANZADO

En la última repetición del ejercicio, separe las manos manteniendo los codos cruzados y estire los brazos hasta tocar con cada mano la parte superior del omóplato contrario (como si se abrazara a sí mismo). Cuente hasta 10. Relájese y repita el movimiento 4 veces intentando estirarse cada vez más.

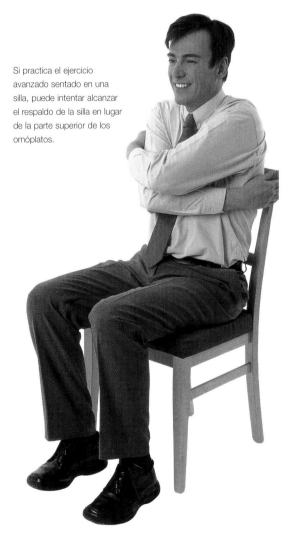

Si practica el ejercicio avanzado sentado en una silla, puede intentar alcanzar el respaldo de la silla en lugar de la parte superior de los omóplatos.

OBJETIVO

Abrir las articulaciones que unen las costillas a las vértebras torácicas y relajar los ligamentos que las rodean para mejorar la flexibilidad y la respiración.

¿Es adecuado en mi caso?

Este ejercicio es adecuado para todos los tipos de espalda. Es especialmente útil para personas con problemas posturales como escoliosis (véanse también págs. 84-85) o la espalda excesivamente plana y recta.

1 Siéntese con la espalda recta y extienda los brazos delante del cuerpo. Doble los codos de modo que los antebrazos formen un ángulo recto y acérquelos hasta juntar las palmas de las manos y la parte interior de los antebrazos.

Mantenga la espalda recta

2 Cruce los codos y gire levemente los antebrazos para agarrar los dedos de la mano inferior con los de la superior.

Las plantas de los pies están apoyadas en el suelo

Intente no encorvar los hombros al realizar este paso

3 Relaje los hombros y levante los brazos todo lo que pueda. **Cuente hasta 10. Repita el movimiento 5 veces y, a continuación, repita el ejercicio** colocando el codo contrario encima.

Inclinaciones laterales

Si uno de los grupos de músculos de la espalda permanece tenso durante mucho tiempo, el grupo del lado opuesto se estira en exceso y queda debilitado. La columna puede torcerse hacia un lado o perder sus curvas naturales, con lo que las vértebras quedan comprimidas y los discos se desgastan. Las inclinaciones laterales contribuirán a evitar este posible desequilibrio y las consiguientes molestias.

Con este ejercicio estirará los músculos de la espalda y de la caja torácica para liberar la tensión de la columna. Las inclinaciones laterales sirven también para abrir ambos lados de las vértebras alternativamente, mantener el equilibrio muscular y favorecer la absorción de fluido de los discos intervertebrales. De este modo se evita el desgaste innecesario de la columna y se retrasa la aparición de la osteoartritis.

Los malos hábitos suelen ser la causa de numerosos problemas de desequilibrio muscular. Por ejemplo, si normalmente lleva una carga pesada sujeta por una tira al hombro, puede que la columna desarrolle una curvatura lateral hacia el lado donde suele llevar la carga; si adopta una posición excesivamente erguida, puede que la tensión de los músculos deforme las curvas naturales de la columna. Cuando practique las inclinaciones laterales para solucionar estos problemas, empiece estirando el lado que nota más contraído.

EJERCICIO AVANZADO

Entrelace los dedos, gire las palmas de las manos hacia arriba y estírelas al máximo por encima de la cabeza. A continuación, pase al ejercicio principal.

Al practicar este ejercicio avanzado, las manos entrelazadas deben estar en línea con la cabeza. No deje que se desplacen hacia atrás porque entonces arquearía la espalda.

OBJETIVO

Aumentar la flexibilidad y reducir el desgaste de la columna estirando los músculos y ligamentos de la parte posterior de la caja torácica y expandir los laterales de las vértebras.

¿Es adecuado en mi caso?

Este ejercicio es adecuado para todos los tipos de espalda. Es especialmente útil para personas que presentan una curva lateral en la columna (escoliosis) o la espalda plana.

PRECAUCIÓN

Al practicar este ejercicio sólo debe doblarse hacia los lados. No realice ningún movimiento hacia delante, hacia atrás o de rotación ya que estaría ejerciendo una presión desigual sobre los discos.

1 Debe colocarse derecho, en jarras, con los pies separados en línea con los hombros y las rodillas un poco dobladas. La cabeza debe permanecer inmóvil, mirando hacia delante, y el peso estará uniformemente repartido.

VARIACIÓN

Realice el movimiento del ejercicio principal pero deslizando la mano hacia abajo por la pierna todo lo que pueda en lugar de dejarla en la cintura.

Relaje los hombros

Respire hondo a lo largo de todo el ejercicio

2 Alargue un brazo por encima de la cabeza mientras dobla el cuerpo levemente hacia ese lado. Incline la cabeza en el mismo sentido en que mueve la mano y el cuerpo. **Mantenga la posición y cuente hasta 10.**

No levante los pies del suelo

No se incline ni hacia delante ni hacia atrás

Mantenga las rodillas ligeramente dobladas

3 Doble un poco más la cintura para aumentar el estiramiento. **Repita el ejercicio inclinándose hacia el otro lado y toda la secuencia 5 veces.**

Estiramiento pectoral

Con el tiempo, el hecho de cargar los hombros puede empezar a parecer una postura natural.
No caiga en esta trampa. Debe intentar en todo momento mejorar la postura porque no sólo
disminuirá el riesgo de sufrir problemas de espalda, sino que mejorará su sensación de bienestar.
El estiramiento pectoral le ayudará a conseguir este objetivo.

Este ejercicio compensa los efectos negativos de
los hombros caídos porque consiste en estirar los
pectorales, mover las articulaciones que unen la
costillas al esternón y fortalecer los grandes
músculos de la espalda. Disfrutará de los beneficios
relacionados con una buena postura, que por lo
general van aparejados con una sensación de
confianza en uno mismo y una espalda fuerte y sana.

Cuando se cargan los hombros, el centro de
gravedad del cuerpo se desplaza hacia delante. Los
músculos posturales de la espalda se estiran y se
pierde la verticalidad de la columna, de modo que

los pectorales tienen que contraerse para
compensarla. Si practica regularmente este ejercicio,
evitará que la espalda se adapte a esta postura
incorrecta.

EJERCICIO AVANZADO
Sujétese a ambos lados en el marco de una
puerta con las manos por detrás del cuerpo
aproximadamente a la altura el pecho. Estire
los brazos e inclínese hacia delante para cargar
todo el peso del cuerpo en el pecho y estirarlo.
Mantenga los codos algo doblados.

Puede practicar este ejercicio avanzado en cualquier puerta.
Inclínese sólo a una distancia en la que se sienta cómodo
y seguro.

OBJETIVO

Expandir el pecho, trabajar las articulaciones que unen
las costillas al esternón y compensar los efectos
negativos de adoptar una postura cargada de hombros.

¿Es adecuado en mi caso?
Este ejercicio es adecuado para todos los tipos de
espalda. Es especialmente útil para personas con los
hombros caídos y que llevan un estilo de vida sedentario.

Mantenga la cabeza relajada

1 Colóquese de pie con los pies separados en línea con las caderas y entrelace los dedos detrás de la espalda con las palmas mirando hacia arriba. Meta la barbilla para evitar inclinarse hacia delante y reducir el grado de estiramiento.

VARIACIÓN

Sostenga los dos extremos de una toalla enrollada en posición horizontal detrás de la espalda a la altura de la cintura. Levántela despacio hasta la cabeza, pásela por encima de la cabeza y bájela por delante del cuerpo hasta la cintura para después volver atrás. Al terminar el ejercicio, las manos deben estar detrás de la espalda.

No arquee la espalda

Relaje los hombros

2 Extienda lentamente los brazos al tiempo que gira los codos hacia la columna. Mantenga la espalda recta y los hombros relajados. **Permanezca en esta posición y cuente hasta 10.**

Debe mantener la pelvis metida

3 Contraiga los músculos abdominales para evitar que se arquee la espalda y levante los brazos todo lo que pueda. **Cuente hasta 10**, baje los brazos y relájese. **Repita la secuencia 5 veces.**

Estiramiento torácico

Uno de los principales problemas que sufren las personas de hombros caídos es que las vértebras quedan comprimidas por la parte interior de la columna. Esto conduce a un mayor desgaste tanto de la columna como de los discos y a una excesiva compresión de las articulaciones que causa inflamación y dolor. Con el estiramiento torácico podrá anular estos efectos.

Este ejercicio sirve para estirar las articulaciones, los ligamentos y los músculos de la parte interior de la columna. También ayuda a abrir los hombros y le facilitará movimientos tan cotidianos como inclinarse y girarse para sacar las bolsas de la compra del maletero de un automóvil o agacharse para atarse los cordones de los zapatos.

No le resultará fácil realizar de modo correcto el estiramiento torácico, ya que normalmente se tiende a contraer los músculos que enlazan los brazos y los omóplatos. Si nota que está haciendo la fuerza con los hombros, intente relajar toda la parte superior del cuerpo. Si aún así no le resulta cómodo el ejercicio, pruebe la variación.

EJERCICIO AVANZADO

Colóquese más o menos a un palmo de la pared. Gire lentamente el cuerpo y los brazos hasta que pueda apoyar las palmas de las manos en la pared. Mantenga la posición y cuente hasta 30. A continuación, practique el ejercicio girando hacia el otro lado.

OBJETIVO

Mejorar la postura y la flexibilidad extendiendo las superficies interiores de las vértebras y estirando la zona torácica de la columna junto con los músculos y ligamentos.

¿Es adecuado en mi caso?

Este ejercicio es adecuado para todos los tipos de espalda. Es especialmente útil para personas con los hombros caídos. Si tiene un problema de hombros, como hombro congelado u osteoartritis, será mejor que practique la variación.

Puede practicar el ejercicio avanzado en cualquier momento libre. Cuando se gire hacia la pared, intente mantener las rodillas mirando hacia delante.

PRECAUCIÓN

Si tiene problemas en las rodillas, realice este ejercicio con la máxima precaución, ya que implica cierta tensión en esta zona.

Mantenga las rodillas ligeramente dobladas

La última parte del cuerpo que se levanta es la cabeza

1 Coloque las manos y los pies separados en línea con los hombros y doble ligeramente las rodillas. Inclínese hacia delante y apóyese en un objeto estable, como el respaldo de una silla o una mesa maciza. Deje que la espalda se arquee al máximo, relájese y **cuente hasta 30**. Observará que las nalgas sobresalen del resto del cuerpo.

VARIACIÓN

Colóquese de pie, separe los pies en línea con las caderas y mantenga la espalda recta. Meta la espalda tanto como pueda echando los hombros y las nalgas hacia atrás. Cuente hasta 10. Enderece la espalda de nuevo. Repita el ejercicio 5 veces. Para terminar, invierta el estiramiento redondeando la espalda todo lo que pueda. Cuente hasta 10 y repita el movimiento 5 veces.

2 Póngase en pie nuevamente doblando un poco más las rodillas y redondeando la espalda a medida que va subiendo. Puede ir cambiando la altura del punto de apoyo, es decir de las manos, y notará cómo se estiran diferentes zonas de la espalda. **Repita 3 veces el ejercicio.**

Inclinación anterior con una silla

Si tiene la parte superior de la espalda demasiado plana y recta, las costillas se unen con las vértebras en un ángulo incorrecto. Esto provoca una gran presión en las articulaciones que puede afectar a la respiración y producir punzadas en todo el pecho y debajo de los omóplatos. Con este ejercicio reducirá el riesgo de sufrir este tipo de molestias.

OBJETIVO

Estirar las vértebras y las costillas de la zona alta de la espalda, estirar los dos ligamentos que recorren los laterales de la columna y también los ligamentos intervertebrales para mantener o recuperar la curva natural de la parte superior de la columna.

¿Es adecuado en mi caso?

Este ejercicio es adecuado para todos los tipos de espalda.

PRECAUCIÓN

Las personas con problemas de cuello o mayores de 60 años deberán consultar a un médico antes de intentar este ejercicio. Se corre el riesgo de interrumpir el flujo sanguíneo en el cerebro al realizar este ejercicio si existe un pinzamiento de las arterias que suministran sangre al cerebro por osteoartritis o inflamación (arteritis).

Este ejercicio es una adaptación de un movimiento de yoga. Sin embargo, aquí se presenta como ejercicio principal una variación que puede practicarse utilizando una silla porque muy pocas personas logran adoptar la posición correcta de yoga sin tener mucha práctica. En los pasos principales del ejercicio, es importante que no fuerce el cuello hacia delante de modo innecesario.

EJERCICIO AVANZADO

Túmbese de espaldas y doble las rodillas hacia el pecho dejando los brazos extendidos en el suelo. Extienda las piernas a medida que levanta la espalda y acérquelas al suelo todo lo que pueda para tocarlo con los dedos de los pies. Aguante en esta posición mientras se sienta cómodo, vuelva a la posición inicial y relájese.

Si no llega con los pies al suelo para realizar el ejercicio avanzado, tiene la opción de apoyarlos en una silla.

Relaje los hombros

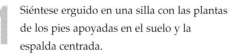

1 Siéntese erguido en una silla con las plantas de los pies apoyadas en el suelo y la espalda centrada.

2 Dóblese lentamente hacia delante hasta tocarse los tobillos con las manos y después hacia las patas traseras de la silla. Aguante en esta posición todo lo que pueda.

Meta la cabeza todo lo que pueda

Mantenga las plantas de los pies apoyadas en el suelo

Debe redondear la espalda al máximo

3 Levántese muy despacio, vértebra a vértebra, con la espalda curvada. Vuelva a sentarse como en el paso número 1.

VARIACIÓN

Inclínese hacia delante como en el ejercicio principal, pero intente llegar sólo hasta los tobillos en lugar de alcanzar las patas traseras de la silla. Aguante la posición todo lo que pueda y después enderécese lentamente.

Extensión dorsal

Los músculos de la parte inferior de la espalda son los que le proporcionan estabilidad, movilidad y fuerza. Si estos músculos están débiles, sus movimientos cotidianos quedarán restringidos. Realizando este ejercicio, los músculos de la zona baja de la espalda estarán siempre fuertes, flexibles y serán capaces de realizar correctamente su función.

Con este ejercicio se trabajan todos los grupos musculares que sostienen la espalda y la columna excepto los menores, que son los que posibilitan el movimiento de rotación.

Es muy importante ejecutar todos los movimientos del ejercicio controlando los músculos. Si se deja caer, podría dañar o desgarrar los músculos menores, con lo que los músculos adyacentes sufrirían espasmos para evitar cualquier otro movimiento en la zona y causar mayores lesiones. Muévase despacio para evitar lesiones.

EJERCICIO AVANZADO

Túmbese boca abajo sobre una superficie estable y sitúe las caderas en el borde (véase la fotografía inferior). Pídale a alguien que le aguante las piernas. Para empezar, deje colgar el cuerpo con las manos cruzadas en la frente. Contraiga los músculos del estómago para levantar el cuerpo lo máximo que pueda. Mantenga la espalda recta y no se levante demasiado, ya que debe controlar el movimiento de descenso. Mantenga la posición, cuente hasta 3 y descienda. Repita el ejercicio 5 veces.

El ejercicio avanzado es difícil, pero es muy eficaz para trabajar los músculos de la espalda, que se contraen a medida que levanta el tronco y se relajan al descender de forma gradual.

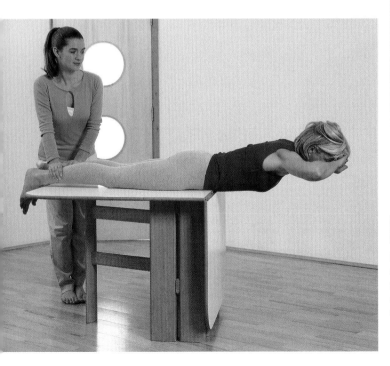

1 Túmbese boca abajo con los brazos extendidos hacia delante. Estire el cuerpo y alárguelo al máximo. **Cuente hasta 10** y relájese. **Repita el estiramiento 3 veces.**

Mantenga recta la pierna elevada

2 Apoye la cabeza en las manos y levante lentamente una pierna del suelo vigilando que no se tuerza. No es necesario que la levante en exceso. **Mantenga la posición, cuente hasta 10** y baje la pierna despacio. **Repita el movimiento 5 veces y, a continuación, realícelo con la otra pierna.**

Las piernas deben permanecer pegadas al suelo

Mantenga el cuello relajado

3 Relaje las piernas y mantenga la cabeza apoyada en las manos. Levante la cabeza, los hombros y la parte superior de la espalda del suelo sin arquear el cuello. **Cuente hasta 3** y descienda lentamente. **Repita 5 veces el movimiento.**

EJERCICIO COMPLEMENTARIO

Practíquelo para liberar la presión acumulada en la columna tras el ejercicio de extensión. Gírese despacio y colóquese boca arriba. Doble las rodillas sin levantar los pies del suelo y sepárelas en línea con las caderas. Levante una rodilla, apriétela contra el pecho y vuelva a bajarla. Realice este movimiento 3 veces y, otras 3 con la otra pierna.

Abdominales cruzados

Lamentablemente, muchas personas tienen los músculos abdominales relativamente débiles, factor desencadenante de la mayoría de los problemas de espalda. En el cuerpo existen dos grupos principales de músculos abdominales: los rectos y los oblicuos. Los ejercicios abdominales cruzados ayudan a fortalecer ambos grupos.

OBJETIVO

Trabajar y fortalecer los músculos abdominales, que ejercen de sujeción para la columna y de contrapeso para los músculos de la espalda.

¿Es adecuado en mi caso?

Este ejercicio es adecuado para todos los tipos de espalda y especialmente útil para personas con músculos abdominales débiles o espalda hundida.

PRECAUCIÓN

Es importante no tensar el cuello al levantar y bajar la cabeza. No debe dejar caer la cabeza hacia atrás ni forzarla hacia el pecho, sino mantenerla centrada y relajada.

Este ejercicio sirve para fortalecer los músculos abdominales de manera que puedan actuar como contrapeso de los músculos dorsales.

Los principales músculos abdominales se encargan de doblar la columna con ayuda de dos grupos de abdominales oblicuos, los internos y los externos. Los oblicuos internos mueven la cadera en diagonal hacia el hombro contrario y los externos mueven los hombros en diagonal hacia la cadera contraria. El ejercicio avanzado de abdominales cruzados trabaja ambos grupos.

EJERCICIO AVANZADO

Igual que el ejercicio principal, pero levantando la rodilla hacia el brazo contrario y acercando el brazo a la rodilla contraria.

Mantenga los músculos del estómago contraídos al realizar el ejercicio avanzado de abdominales cruzados y respire hondo.

Las rodillas están separadas a la misma distancia que las caderas

1 Túmbese de espaldas con las rodillas dobladas y separadas a la misma distancia que las caderas y las plantas de los pies apoyadas en el suelo. Tense los músculos del estómago para apoyar la parte inferior de la espalda en el suelo o la colchoneta.

Los pies deben estar paralelos y planos en el suelo

2 Lleve una mano hacia la rodilla contraria doblando ligeramente la espalda y levantando el hombro de la colchoneta. Al principio es recomendable levantar poco el cuerpo, ya que el movimiento debe ser totalmente controlado. **Mantenga la posición y cuente hasta 10**, a continuación, descienda poco a poco. **Repita el movimiento 5 veces.**

El cuello debe estar relajado

3 **Repita todo el ejercicio con el brazo y la rodilla contrarios.** Debe respirar profundamente al ejecutar los movimientos: espire al subir e inspire al bajar.

VARIACIÓN

De pie y con los pies separados en línea con las caderas, lleve una mano hacia el pie contrario. Mantenga la espalda curvada y deje que el brazo libre se desplace libremente hacia atrás. Cuente hasta 10 y levántese lentamente. Repita estos movimientos 5 veces y luego cambie de mano y de pie.

Elevaciones pélvicas

Cuando los músculos de las nalgas están débiles, es frecuente que la persona adopte una postura incorrecta, especialmente de hombros caídos o espalda hundida. Las elevaciones de la pelvis le ayudarán a fortalecer estos músculos y a mejorar la postura.

Este ejercicio fortalece los músculos de las nalgas (los glúteos), de vital importancia en el cuerpo porque estabilizan las articulaciones que unen la cadera a la parte inferior de la espalda y evitan que esta zona de la columna se doble hacia delante al caminar o correr.

La columna está formada por una serie de huesos pequeños, las vértebras, que son capaces de realizar movimientos limitados pero de gran importancia. Al bajar la pelvis, los movimientos se realizan por separado, vértebra a vértebra, de modo que es posible identificar si existe alguna zona rígida, dolorosa o que necesite una atención especial.

EJERCICIO AVANZADO

Realice el ejercicio principal tal como se explica, pero elevando y moviendo las caderas hacia delante alternativamente cuando tenga la pelvis levantada. Para ello, deberá contraer primero los músculos de una nalga y luego los de la otra.

Puede practicar cuando camine, por ejemplo, metiendo la pelvis al subir escaleras. De este modo, estará integrando el ejercicio en sus quehaceres diarios y aprovechará al máximo sus beneficios.

Mantenga la cabeza relajada

1 Túmbese de espaldas con las rodillas dobladas y separadas a la misma distancia que las caderas y las plantas de los pies planas en el suelo. Contraiga los músculos del estómago para apoyar la parte inferior de la espalda en la colchoneta.

VARIACIÓN

Siéntese en el suelo con las piernas rectas extendidas delante del cuerpo y los brazos también extendidos para mantener mejor el equilibrio. «Camine» con las nalgas, 6 pasos hacia delante y 6 hacia atrás. Repítalo todo 3 veces. Cuando avance una pierna, también debe avanzar el brazo contrario, como ocurre al andar.

Las rodillas están separadas a la misma distancia que las caderas

2 Levante las nalgas del suelo para que el cuerpo forme una línea recta desde los hombros hasta las rodillas. Mantenga la posición y contraiga los músculos de las nalgas. **Cuente hasta 10.**

Descienda lentamente hasta el suelo

3 Relaje las nalgas y descienda ligeramente el cuerpo. Realice de nuevo la elevación pélvica completa, apriete las nalgas y **cuente hasta 10.** Para terminar, vuelva a apoyar lentamente todo el cuerpo, vértebra a vértebra, en la colchoneta. **Repita 5 veces toda la secuencia.**

Elevaciones laterales

Si no se trabaja toda la gama de movimientos de la articulación de la cadera es muy posible que acabe rígida, factor que aumenta la presión sobre la parte inferior de la columna vertebral. Levantando las piernas lateralmente se previene esa rigidez y la posible presión en la columna porque se estiran las caderas y se ejercitan más movimientos de los usuales en la vida cotidiana.

Este ejercicio le ayudará a mantener la flexibilidad y a evitar rigidez en las caderas. Las elevaciones laterales de las piernas también mejoran la sujeción de la parte inferior de la espalda.

Un dato curioso es que la rigidez y la osteoartritis de la cadera es mucho más común en los países occidentales que en los orientales, ya que en los países orientales existe la costumbre de sentarse con las piernas cruzadas o bien en la posición del loto (que implica no sólo cruzar las piernas sino apoyar cada pie en la rodilla contraria). Estas posturas ayudan a estirar y mantener flexibles los abductores y aductores, situados a los lados de los muslos y la pelvis. Al realizar las elevaciones laterales de las piernas se trabajan esos mismos músculos sin necesidad de estirarlos.

EJERCICIO AVANZADO
Realice el ejercicio tal como se describe en la página siguiente, pero girando la cadera a medida que levanta la pierna para que la punta del pie quede mirando hacia arriba. Preste mucha atención para no ahuecar la parte inferior de la espalda. Al bajar la pierna, gírela en sentido contrario para que la punta del pie quede mirando hacia el suelo.

Habitúese a sentarse en el suelo con las piernas cruzadas para relajarse, ya que con esta postura se estiran los músculos de las piernas.

OBJETIVO

Fortalecer los músculos de las nalgas y los muslos para equilibrar la cadera y la pelvis y sostener mejor la parte inferior de la espalda.

¿Es adecuado en su caso?
Este ejercicio es adecuado para todos los tipos de espalda.

Relaje la cabeza

Coloque la mano libre en el suelo delante del cuerpo para mantener el equilibrio

1 Túmbese de lado con la pierna inferior doblada y la cabeza apoyada sobre el brazo extendido. Mantenga el equilibrio para no dejarse caer ni hacia delante ni hacia atrás durante el ejercicio. Levante la pierna de arriba con cuidado de no girarla. **Cuente hasta 10** y bájela lentamente. **Repita el movimiento 5 veces.**

Contraiga los músculos abdominales

2 Doble la pierna de arriba y apóyela en el suelo delante del cuerpo. Estire la pierna inferior y levántela del suelo lo máximo que pueda. **Cuente hasta 5** y baje la pierna. **Repita el movimiento 5 veces**. A continuación, túmbese del otro lado y **repita toda la secuencia**.

VARIACIÓN

Colóquese de pie y con los pies en línea con los hombros. Eleve lateralmente una pierna lo máximo que pueda, cuente hasta 3 y bájela despacio. Ejecute este movimiento 5 veces y repítalo con la otra pierna. A continuación, colóquese una pelota entre las rodillas, apriétela y cuente hasta 10. Mantenga rectos los dedos de los pies. Termine de pie, adoptando la posición correcta y relajándose.

Balanceo de caderas

Si la espalda se entumece y queda rígida por falta de ejercicio, la rotación de la columna suele ser el primer movimiento que se entorpece. En estos casos pueden resultar difíciles movimientos tan habituales como girarse o levantar objetos. El balanceo de caderas le ayudará a fortalecer los ligamentos y los músculos de la espalda para evitar este tipo de problemas.

Este ejercicio aumenta la flexibilidad de la columna torácica y lumbar porque estira los pequeños músculos y ligamentos y relaja la articulaciones intervertebrales.

A pesar de que los ligamentos y los músculos sujetan adecuadamente la espalda cuando nos inclinamos hacia delante, hacia los lados o hacia atrás, ofrecen mucho menos apoyo en el movimiento de rotación. Este balanceo de cadera, que debe realizar sentado, le ayudará a fortalecerlos para que no quede restringida su capacidad de rotación. Además de ser un inconveniente, la incapacidad de realizar el movimiento de rotación puede provocar rigidez en toda la columna y comportar que los discos se encojan y las articulaciones queden comprimidas (osteoartritis). Se trata por lo tanto de un ejercicio muy beneficioso.

EJERCICIO AVANZADO

Realice el ejercicio principal tal como se describe, pero modificando la posición central. En lugar de pasar las nalgas por los talones al desplazarse de un lado al otro, levántese y póngase de rodillas antes de sentarse hacia el otro lado y mantenga los muslos en línea recta con la espalda.

Extienda los brazos para conseguir un mayor equilibrio.

Cuando se haya acostumbrado al ejercicio principal, puede pasar al avanzado. Si desea un mayor grado de dificultad, utilice pesas.

OBJETIVO

Aumentar la flexibilidad de la parte inferior de la columna para realizar el movimiento de rotación y fortalecer los músculos del estómago y la espalda.

¿Es adecuado en mi caso?

Este ejercicio es adecuado para todos los tipos de espalda. Si padece rigidez y falta de flexibilidad, debería empezar por la variación.

PRECAUCIÓN

Si padece osteoartritis en la columna o tiene problemas de equilibrio, hable con el médico antes de intentar hacer el ejercicio.

1 Arrodíllese en el suelo y apoye las nalgas en los talones manteniendo la espalda recta y los brazos extendidos hacia delante para mantener el equilibrio.

Contraiga los músculos abdominales

Mantenga las rodillas juntas

Relaje los hombros

2 Levante ligeramente las nalgas y siéntese de lado sobre una pierna. La parte superior del cuerpo y los brazos se girarán un poco hacia el lado contrario para mantener el equilibrio.

La corona de la cabeza será la parte más alta del cuerpo

VARIACIÓN

Tardará un tiempo en conseguir la flexibilidad y la fuerza necesarias para realizar este ejercicio. Otra posibilidad es empezar en idéntica posición y desplazar sólo una nalga hacia el talón contrario en lugar de sentarse sobre la pierna. A continuación, levante la otra nalga y desplácela hacia el talón contrario. Repita el proceso 5 veces.

3 Vuelva a levantar las nalgas ligeramente para sentarse sobre la otra pierna. De nuevo deberá girar el cuerpo y los brazos hacia el lado contrario. **Repita toda la secuencia 5 veces.** Realice los movimientos seguidos, sin detenerse sobre los talones, e intente no ladearse excesivamente.

La sierra

La sierra forma parte del método Pilates y es un ejercicio que resalta la importancia de los músculos de la parte inferior de la espalda, el abdomen y los muslos para mantener la postura correcta y un buen equilibrio, aspectos esenciales para tener una espalda sana.

Como en el caso del balanceo según el método Pilates, la sierra está pensada para que el cuerpo tenga mayor flexibilidad y soltura en las actividades diarias. Combina una respiración controlada con el estiramiento de la parte inferior de la espalda, la cintura y las caderas. Se han de mantener los músculos del estómago contraídos en cada movimiento.

OBJETIVO

Fortalecer y ejercitar la parte inferior de la espalda y los ligamentos de la corva, mejorar la capacidad tensora de los músculos del estómago y aprender a controlar la respiración.

¿Es adecuado en mi caso?

Este ejercicio es adecuado para todos los tipos de espalda y especialmente útil para personas con la espalda hundida o debilidad en los músculos abdominales.

Debe realizar el ejercicio de forma controlada y concentrarse en corregir la posición del cuerpo. Si opta por la variación, necesitará una toalla enrollada.

EJERCICIO AVANZADO

Túmbese de espaldas con las rodillas dobladas hacia el pecho y coloque los brazos extendidos a los lados del cuerpo para mantener el equilibrio. Contraiga los músculos del estómago e inspire a medida que levanta y dobla la espalda lentamente hasta tener las caderas a la altura de la cabeza, y los pies y las piernas apoyados en el suelo. Estará en equilibrio sobre los omóplatos. Mantenga las rodillas dobladas y sujete con los brazos la parte inferior de la espalda si es necesario. Manténgase en esta postura todo el tiempo que pueda y después contraiga los músculos del estómago y espire a medida que baja la espalda de forma gradual hasta el suelo.

El ejercicio avanzado de la sierra es difícil de dominar. Inténtelo una vez que se haya acostumbrado a practicar el ejercicio principal.

1 Siéntese con las piernas extendidas y separadas formando una V. Las corvas de las piernas deben estar en contacto con el suelo y las puntas de los pies mirando hacia arriba. Levante los brazos en línea con los hombros en forma de cruz y contraiga los músculos del estómago.

Contraiga los abdominales

2 Inspire. Espire al inclinarse hacia delante para tocar con una mano el dedo pequeño del pie contrario. Deje que el otro brazo se desplace hacia atrás al realizar este movimiento. **Mantenga la posición y cuente hasta 10**. Inspire mientras endereza la espalda vértebra a vértebra para recuperar la posición inicial.

Curve la espalda

Intente no doblar las rodillas

No incline la cabeza hacia delante

VARIACIÓN

Puede que el hecho de no poder doblar las rodillas dificulte el ejercicio al principio. En lugar de tener que soportar el dolor o la tirantez, pruebe a colocar una toalla pequeña enrollada debajo de las corvas. Así reducirá el estiramiento del músculo, pero podrá ejecutar el movimiento correctamente. Realice el ejercicio tal como se explica arriba.

3 **Realice el ejercicio hacia el otro lado y repita toda la secuencia 3 veces.** Mantenga la cabeza centrada durante todo el ejercicio para evitar tensiones en el cuello.

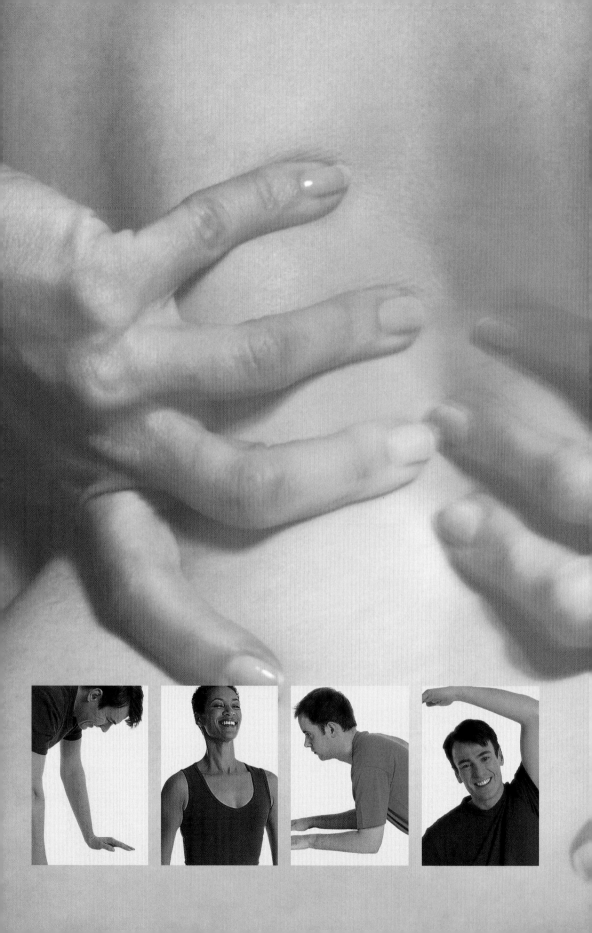

Problemas de espalda

En esta sección se abordan cuatro de los problemas de espalda más comunes: ciática, osteoartritis, osteoporosis y escoliosis. Recuerde, no obstante, que la osteoartritis y la osteoporosis suelen afectar también a otras zonas del cuerpo.

En este apartado encontrará información sobre estos problemas de espalda y consejos para aliviar los síntomas. Se describen en cada caso ejercicios suaves pensados especialmente para que le resulten seguros y fáciles y para aliviar el dolor. Cuando los domine, practique el programa reducido que se incluye en cada sección antes de intentar cualquier otro ejercicio del libro.

Si padece algún problema de espalda, independientemente de que aparezca descrito en estas páginas, deberá:

- consultar al médico o fisioterapeuta antes de realizar el programa de ejercicios;
- leer atentamente la introducción de cada ejercicio para asegurarse de que es adecuado en su caso;
- prestar especial atención a las técnicas de ejecución de los ejercicios (pág. 13).

Ciática

El dolor que causa la ciática puede recorrer todo el nervio ciático, desde la parte inferior de la espalda hasta el pie, si bien el problema deriva de la columna. Estos ejercicios ayudan a prevenir y a mitigar el dolor.

Este problema aparece cuando una articulación facetaria, un disco intervertebral o una protuberancia ósea pellizca el nervio ciático por el extremo en que está unido a la columna. Algunos factores como una mala postura al levantar pesos o un movimiento enérgico súbito pueden desencadenar el dolor agudo asociado a la ciática.

El ejercicio descrito a continuación ha sido pensado para aliviar la causa del pinzamiento y reducir el estiramiento del nervio ciático. También sirve para relajar los pequeños músculos que conectan las vértebras con las articulaciones facetarias, que son los que sufren espasmos en cuanto aparece el dolor causado por la ciática y aumentan el efecto de pinzamiento. Intente realizar el ejercicio cinco veces al día cuando sufra un ataque de ciática e introdúzcalo en su programa diario de ejercicios en condiciones normales.

PREVENCIÓN Y TRATAMIENTO

- Mantenga siempre la postura correcta.
- Haga ejercicio de forma regular y evite las actividades extenuantes si no está acostumbrado.
- Aprenda a levantar objetos de la forma correcta (véase pág. 20).
- Practique a menudo el ejercicio de inclinaciones pélvicas (véanse págs. 36-37).

El dolor que aparece cuando el nervio ciático está pinzado empieza en la parte inferior de la espalda y puede descender por toda la pierna.

OBJETIVO

El siguiente ejercicio ayuda a bajar la inflamación y a abrir la columna para que los discos intervertebrales absorban fluido y se reduzca cualquier protuberancia. También contribuye a mantener separados y móviles los huesos de las articulaciones facetarias.

¿Es adecuado en mi caso?

Este ejercicio es adecuado para todos los tipos de espalda. Las personas que tengan la espalda hundida deben omitir el paso 2, que serviría para curvarla aún más. No deben practicarlo las mujeres en estado avanzado de gestación.

PRECAUCIÓN

Si ha sufrido algún tipo de accidente y experimenta el dolor agudo asociado a la ciática, no se mueva. Solicite asistencia médica si una parte de la columna está ejerciendo presión sobre la médula espinal.

Intente relajarse
por completo

1 Túmbese boca abajo con los brazos a los lados del cuerpo y la cabeza girada hacia el lado que menos le duela. Inspire y relájese al espirar. Relájese completamente para reducir los espasmos musculares y permitir que la columna se reajuste sola. Siga respirando hondo en esta posición y relájese. **Espere 5 minutos.**

2 Levante la espalda y apoye el peso en los codos, que deben estar situados justo debajo de los hombros. Las manos mirarán hacia delante. Relájese. **Mantenga la posición durante 5 minutos.** Vuelva a la posición inicial y respire de forma natural.

Levántese sólo
a la altura que le
resulte cómoda

Mantenga los
abdominales contraídos

PROGRAMA REDUCIDO

El ejercicio descrito arriba es el que más le ayudará a soportar el dolor constante si lo realiza individualmente. Cuando el dolor deje de recorrer la pierna y se haya concentrado en la parte inferior de la espalda, ejecute otros ejercicios para crear un programa reducido que modere la presión en la zona baja de la espalda. Puede empezar con los que se indican a la derecha.
Puede ir añadiendo ejercicios del resto del libro cuando se sienta capaz y seguro de poder hacerlos.

ROTACIÓN DE LA COLUMNA (págs. 48-49)

EL GATO (págs. 46-47)

EXTENSIÓN DORSAL (págs. 66-67)

Osteoartritis

Esta enfermedad degenerativa forma parte del proceso de envejecimiento, aunque a veces se da en gente joven como consecuencia de una lesión o deformidad. Afecta a los cartílagos y huesos de las articulaciones que soportan peso. Determinados ejercicios pueden retrasar su aparición.

Con los años, las capas de cartílagos resistentes y flexibles que alinean las articulaciones se desgastan y se van reduciendo y debilitando hasta que los huesos empiezan a rozarse. El cartílago también se endurece y, en los extremos de las articulaciones, genera protuberancias óseas que limitan el movimiento y pueden llegar a presionar las raíces nerviosas de la columna y provocar rigidez y dolor.

No obstante se puede lentificar su aparición mediante una postura correcta (véanse págs. 8, 18 y 20), una cantidad moderada de ejercicios apropiados, una dieta saludable y una técnica adecuada para levantar pesos (véase pág. 20).

PREVENCIÓN Y TRATAMIENTO

- Concéntrese en los ejercicios destinados a aumentar la flexibilidad.
- Adopte la postura correcta, especialmente al sentarse, ya que en esta posición se genera más presión sobre la columna que estando de pie.
- Aprenda a levantar y transportar objetos correctamente.
- Controle su peso (véanse los consejos de la pág. 93) ya que el exceso de peso genera más presión hacia abajo en la columna vertebral.

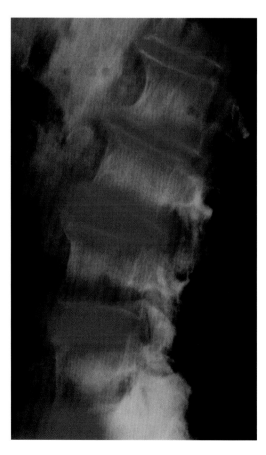

Esta radiografía de una columna osteoartrítica muestra el desgaste de los cartílagos (rojo) y el consiguiente roce de las vértebras (amarillo) en la parte posterior de la columna (abajo derecha). Esta enfermedad ocasiona muchas molestias.

OBJETIVO

El ejercicio de la página siguiente sirve para trabajar toda la gama de movimientos de las articulaciones de la columna a fin de lubricar los cartílagos y reducir el desgaste.

¿Es adecuado en mi caso?

Este ejercicio es adecuado para todos los tipos de espalda. Le ayudará a prevenir las molestias a largo plazo, a reducir la rigidez y a mantener el movimiento en las articulaciones que ya estén afectadas por la osteoartritis.

PRECAUCIÓN

Si ya sufre osteoartritis o rigidez, empiece por la variación de todos los ejercicios descritos como introducción suave para los ejercicios principales.

Relaje la cabeza y el cuello

La cabeza debe estar metida

1 Túmbese de lado con los brazos extendidos por encima de la cabeza y las piernas rectas.

2 Dóblese acercando la cabeza y las rodillas hacia el pecho y rodeando las piernas con los brazos, haciéndose un ovillo. Cuando note que la espalda se estira **cuente hasta 10.**

Mantenga los abdominales contraídos

Mantenga las piernas juntas

3 Estírese de forma que la espalda quede arqueada. **Mantenga la posición y cuente hasta 10. Repita toda la secuencia 5 veces.** A continuación, gírese hacia el otro lado y **repita 5 veces el ejercicio.**

PROGRAMA REDUCIDO

El ejercicio anterior es el más apropiado para realizarlo individualmente. Cuando lo domine, puede añadir ejercicios para crear un programa reducido. Puede empezar con:

Puede ir añadiendo ejercicios del resto del libro cuando se sienta capaz y seguro de poder hacerlos.

INCLINACIONES PÉLVICAS (págs. 36-37)

EL GATO (págs. 46-47)

EXTENSIÓN DORSAL (págs. 66-67)

Escoliosis

La escoliosis es una dolencia mucho más común de lo que se cree y afecta aproximadamente al dos por ciento de la población. Si su columna forma una C o una S vista desde atrás, padece escoliosis (desviación lateral de la columna). Algunos ejercicios pueden serle de ayuda.

Es corriente tener una ligera desviación en la columna. La causa suele ser una pequeña diferencia en la longitud de las piernas o el uso descompensado de los músculos de un lado de la columna.

Los músculos del lado que se utiliza menos se debilitan y forman una curva hacia dentro, mientras que los músculos que más trabajan se acortan, se vuelven rígidos y forman una curva hacia fuera. Con el tiempo, es cada vez más difícil enderezar la espalda, ya que los ligamentos se adaptan a esa postura. Este desequilibrio de tensiones en la columna causa dolor y puede ocasionar osteoartritis.

PREVENCIÓN Y TRATAMIENTO
- Consulte a un médico.
- Relaje los músculos que trabajan demasiado y fortalezca los del lado opuesto.
- Utilice ambas manos para transportar objetos pesados y equilibre el peso entre las dos manos.

OBJETIVO

El siguiente ejercicio pretende enderezar las posibles curvas problemáticas de la columna fortaleciendo y estirando los músculos y ligamentos de la espalda.

¿Es adecuado en mi caso?
Este ejercicio es excelente para todas las personas que sufren una escoliosis leve. Sin embargo, los casos más graves pueden necesitar ejercicios especiales, aparatos ortopédicos o incluso cirugía.

PRECAUCIÓN

Las personas que sufren escoliosis tienen más posibilidades de desarrollar una ciática. En las págs. 80-81 encontrará consejos al respecto.

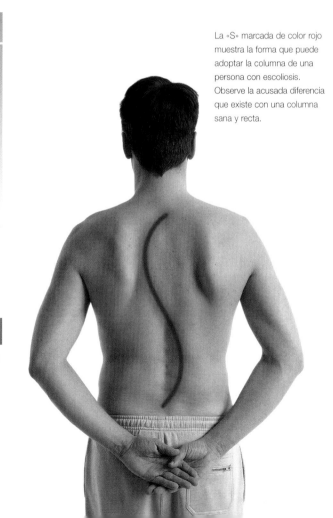

La «S» marcada de color rojo muestra la forma que puede adoptar la columna de una persona con escoliosis. Observe la acusada diferencia que existe con una columna sana y recta.

Doble ligeramente los hombros

1 Colóquese de rodillas con las caderas justo a la altura de las rodillas y los hombros a la de las manos. Mantenga la espalda recta.

Contraiga los abdominales

2 Levante una mano y desplácela por el suelo, con la palma mirando hacia arriba, hasta el hueco que queda entre la rodilla y la mano opuestas. Mientras realiza este movimiento, doble el codo de la mano sobre la que se sostiene para poder llevar el hombro contrario hasta el suelo.

Gire la cabeza de forma natural, siguiendo el movimiento del hombro

3 Estire el brazo al máximo y **cuente hasta 10.** Relaje el brazo y luego vuelva a estirarlo. **Repita el movimiento 5 veces y cambie de brazo.**

PROGRAMA REDUCIDO

El ejercicio descrito es el más adecuado para realizarlo individualmente. Cuando lo domine, debería añadir más ejercicios y crear su propio programa reducido. Puede empezar con:

INCLINACIONES LATERALES (págs. 58-59)

ROTACIÓN DE LA COLUMNA (págs. 48-49)

ABDOMINALES CRUZADOS (págs. 68-69)

Puede ir añadiendo ejercicios del resto del libro cuando se sienta capaz y seguro de poder hacerlos.

Osteoporosis

La osteoporosis se caracteriza porque los huesos van perdiendo gradualmente su contenido mineral, se vuelven frágiles y se rompen con mayor facilidad, sobre todo los del antebrazo, la cintura, las caderas y la columna. Determinados ejercicios aeróbicos pueden ayudar a prevenir la osteoporosis.

Nuestro esqueleto está fabricando constantemente nuevas células y destruyendo las antiguas. Estas células están compuestas de minerales (principalmente calcio) que endurecen los huesos. A partir de los 30 años, empezamos a perder más células de las que se crean, de modo que se reduce la densidad mineral ósea (DMO) y aparecen problemas como la osteoporosis. A veces, las personas sólo se dan cuenta de que padecen osteoporosis cuando sufren una fractura ósea desproporcionada en relación con el accidente sufrido. El mayor riesgo lo tienen los mayores de 30 años con antecedentes familiares de la enfermedad o un historial de desórdenes alimentarios y las mujeres durante la menopausia o tras una histerectomía.

La osteoporosis ocasiona el encogimiento de las vértebras, hecho que puede llegar a reducir la estatura de la persona en 15 cm. Si afecta de forma concreta a la zona torácica de la columna, puede crear una curva exagerada conocida comúnmente como «joroba de viuda».

PREVENCIÓN Y TRATAMIENTO

- Consulte a un médico.
- Realice ejercicios aeróbicos suaves como caminar y correr durante breves períodos.
- Enriquezca su dieta con calcio y vitamina D.

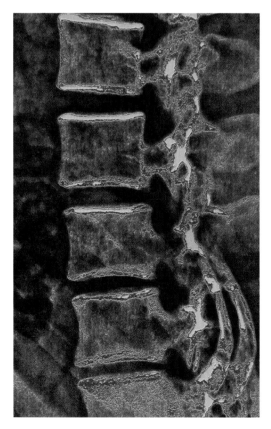

En esta radiografía se muestran vértebras con osteoporosis. Las manchas oscuras entre los cuerpos vertebrales, de color anaranjado, se corresponden con las zonas donde ha disminuido la densidad ósea. Este factor, junto con los espacios intervertebrales bicóncavos (azul), provoca la fragilidad de los huesos.

OBJETIVO

Los ejercicios aeróbicos descritos en la página siguiente pretenden aumentar la densidad mineral ósea (DMO) y por lo tanto la fuerza y la elasticidad de los huesos estimulando la formación de calcio y células óseas.

¿Es adecuado en mi caso?

Estas actividades son excelentes para todos los tipos de espalda y especialmente adecuadas para personas con un riesgo elevado de desarrollar osteoporosis.

PRECAUCIÓN

Si corre el riesgo de desarrollar osteoporosis, consulte a un médico y realícese una densiometría ósea antes de practicar cualquier ejercicio fuerte. Con esta prueba se podrá determinar la propensión a sufrir fracturas.

1 **Caminar** es una excelente manera de prevenir la aparición de la osteoporosis. Si le es posible, suba y baje pendientes. **Intente andar como mínimo un kilómetro a diferentes ritmos 3 veces por semana.** Asegúrese de adoptar la postura correcta.

Mantenga los abdominales en tensión y la pelvis metida

2 **Saltar** sin moverse del lugar es también una actividad muy beneficiosa para los huesos. **Salte durante 5 minutos dos veces al día** flexionando las rodillas al caer. Para realizar este ejercicio, se aconseja llevar un calzado deportivo que absorba los golpes.

Doble las rodillas al caer al suelo

Intente no arquear excesivamente la espalda

3 También es muy útil **saltar a la comba.** Puede empezar moviendo la cuerda hacia atrás y después hacia delante. Para terminar, dé cuerda hacia atrás para abrir los hombros y estirar la columna torácica. **Vaya aumentando el tiempo de salto hasta saltar 10 minutos dos veces al día, día sí día no.**

PROGRAMA REDUCIDO

Los ejercicios 1, 2 y 3 son los más eficaces. Cuando los domine, debería añadir ejercicios y crear su propio programa reducido. Puede empezar con:

INCLINACIONES LATERALES (págs. 58-59)

ESTIRAMIENTO PECTORAL (págs. 60-61)

EXTENSIÓN DORSAL (págs. 66-67)

Puede ir añadiendo ejercicios del resto del libro cuando se sienta capaz y seguro de poder hacerlos.

Tratamiento profesional

La mayoría de los problemas de espalda pueden mejorarse con simples cambios en el estilo de vida, como adoptar una postura correcta y hacer ejercicio regularmente. No obstante, si el problema persiste o empeora e interfiere en los quehaceres cotidianos, es necesario consultar a un médico.

CONSEJOS MÉDICOS

Un médico elaborará su historial completo y examinará todos los movimientos de la espalda, los puntos sensibles, la debilidad muscular y los nervios. También pueden realizarse otras pruebas para descartar la existencia de desórdenes subyacentes de mayor gravedad.

El médico le aconsejará el tratamiento más adecuado en su caso, desde antiinflamatorios y analgésicos hasta tranquilizantes para relajar los espasmos musculares o un aparato ortopédico (corsé) para sujetar la columna. Puede que el médico le aconseje algún tipo de tratamiento más específico como la fisioterapia y la osteopatía o que le remita a un especialista. A continuación se explican con mayor detalle estos tres últimos tipos de tratamiento. Sean cuales sean las

recomendaciones del médico, es importante que lleve un estilo de vida saludable para mantener la espalda en buen estado: en forma y sin dolor.

TERAPIA FÍSICA

Suele ser la primera opción, ya que la fisioterapia sirve para tratar una gran diversidad de problemas. El tratamiento puede consistir en:

- manipulación y movilización localizada de la columna por parte del terapeuta;
- tratamientos de calor o de frío para relajar los espasmos musculares y aliviar la inflamación;
- estiramientos longitudinales realizados manualmente o mediante un equipo especial para eliminar presión de la columna (tracción);
- hidroterapia;
- tratamientos con ultrasonidos para reducir la hinchazón y fomentar la recuperación de los tejidos;
- consejos para corregir la postura al estar de pie, sentarse o realizar las actividades diarias;
- recomendaciones para mejorar el estilo de vida en el trabajo y en casa;
- consejos para perder peso si es preciso;

En la hidroterapia, el agua se utiliza como medio para hacer ejercicio, ya que sostiene el cuerpo y permite realizar una gran diversidad de movimientos.

Con una radiografía de la espalda, el médico puede comprobar si existen problemas en la columna vertebral (abajo).

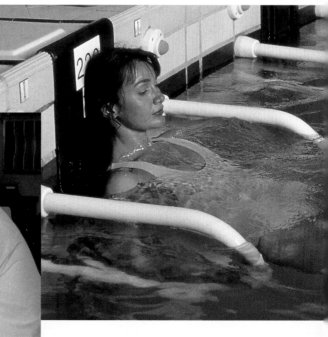

- ejercicios que deben realizarse bajo la supervisión del terapeuta; un programa diario para realizarlo en casa con ejercicios similares a los del presente libro.

OSTEOPATÍA

Esta forma de terapia se desarrolló en 1874 y constituye una alternativa a la fisioterapia. Se basa en la noción de que los desarreglos de la columna son la causa principal de los problemas de espalda y por ello se utilizan técnicas destinadas a alinear la espalda. Estas técnicas mejoran el dolor crónico, pero pueden resultar peligrosas si existe daño en los nervios.

TÉCNICA ALEXANDER

El actor F. M. Alexander inventó esta técnica a mediados del siglo XIX para mejorar la postura tras descubrir que si adoptaba una posición correcta reducía la tensión en el cuello y por lo tanto mejoraba en gran medida su manera de actuar en el escenario. El objetivo es erradicar los malos hábitos en cuanto a movimientos y posturas y fomentar y mantener las buenas costumbres. Este tipo de terapia se enseña mediante cursos individuales o en grupo y es muy adecuada para los dolores de espalda causados por problemas posturales. Implica:

- instrucciones orales y presión manual para reeducar la postura y el movimiento;
- descripción detallada de los movimientos paso a paso;
- repetición y práctica hasta que el alumno reconoce los movimientos correctos.

ESPECIALISTAS

Si el médico le envía a un especialista, por ejemplo un ortopeda, un neurólogo o un reumatólogo, es posible que tengan que practicarle otras pruebas como la tomografía axial computadorizada (TAC) para revelar si existe estenosis del canal central, una hernia discal, una fractura o un osteofito (véase la explicación en las págs. 9-11). Otro tipo de

El osteópata utiliza técnicas manuales como la presión, el estiramiento y la manipulación para diagnosticar los problemas y restituir los movimientos naturales de las articulaciones.

prueba es la discografía, que muestra los posibles encogimientos o hernias del disco: se trata de una radiografía en la que se inyecta al paciente una sustancia de contraste antes de realizar la prueba para poder identificar más fácilmente los problemas. A partir de los resultados de estas pruebas recibirá quizá otras recomendaciones medicas, como:

- inyección de corticoesteroides por parte de un anestesista en una articulación inflamada;
- extracción, con anestesia, de un disco herniado para liberar una raíz nerviosa atrapada (discectomía); o
- extracción, con anestesia, de posibles osteofitos formados alrededor de las articulaciones facetarias o el canal central (facetectomía).

Tratamientos caseros

Hay muchas maneras de aliviar los dolores de espalda. Además de los programas de ejercicios como los descritos en este libro o los consejos o tratamientos médicos que esté siguiendo, puede recurrir también a sencillos remedios caseros. Debe tener en cuenta que el dolor que siente en la espalda suele ser desproporcionado en comparación con el daño real que ha sufrido cualquiera de los tejidos. Esto se debe a que los músculos que sujetan la columna tienden a reaccionar con espasmos ante el menor exceso de tensión. Los músculos circundantes también se ven afectados y así aparece la tensión y el dolor en amplias zonas de la espalda aunque el daño esté concentrado en una articulación facetaria o un disco. Hay tratamientos caseros que ayudan a aliviar el espasmo muscular y reducen el dolor.

MASAJE

Un masaje puede ser de gran ayuda para deshacerse de la tensión y el dolor. Si prefiere un masaje profesional, elija siempre un masajista cualificado. Otra alternativa es adquirir algún instrumento especial para el tratamiento de la espalda o pedirle a un amigo que le dé un masaje suave. En el cuadro inferior se exponen algunos consejos prácticos para dar un masaje seguro y eficaz.

TRATAMIENTOS DE FRÍO Y DE CALOR

Cuando le duela mucho la espalda, aplíquese aerosoles de calor o de frío o lociones musculares en la zona afectada. Otra opción es poner una bolsa de agua caliente o de hielo en la zona afectada. Los tratamientos de frío son más apropiados si existe inflamación, mientras que los de calor son mejores

Un amigo puede darle un masaje relajante que le ayudará a aliviar el dolor de espalda. Intente relajarse todo lo posible poniéndose cómodo, bajando las luces y escuchando música tranquila.

CONSEJOS PARA DAR UN BUEN MASAJE

- Utilice un aceite o una crema para evitar fricciones al empezar el masaje.
- Dé el masaje en los músculos situados a ambos lados de la columna y nunca en la propia columna.
- Realice pequeños movimientos circulares con las yemas de los pulgares.
- El masaje debe hacerse suavemente y de forma controlada.
- Hable con la persona a la que le está haciendo el masaje para saber qué presión le es más beneficiosa.
- Concéntrese en los «nudos» de músculos hasta que note que empiezan a deshacerse o hasta que disminuyan las molestias que siente su «paciente».

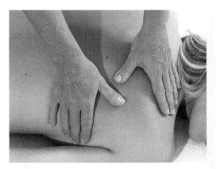

para calmar los espasmos musculares. Estos tratamientos no actúan sobre los músculos sino que moderan la sensación de dolor: el cerebro reconoce la sensación de calor o de frío antes que la de dolor. Otro tratamiento de calor apropiado para aliviar el dolor muscular es tomar un baño caliente y relajarse, mejor aún si es con sales aromáticas, unas velas y música relajante.

ANALGÉSICOS

Los analgésicos con receta suelen reducir el dolor. No obstante, los más beneficiosos son los que actúan como relajantes musculares, por ejemplo el Ibuprofeno. No supere nunca la dosis recomendada y asesórese bien si está tomando otra medicación o está embarazada. No tome analgésicos por mucho tiempo porque podría acabar necesitando dosis cada vez más elevadas para mitigar el dolor crónico (lea el cuadro inferior).

APARATOS ORTOPÉDICOS

Los aparatos ortopédicos para el cuello o la espalda, que pueden adquirirse en tiendas especializadas, sólo deben utilizarse temporalmente porque, con un uso demasiado prolongado, los músculos se debilitan por falta de uso y a la larga el problema empeora.

¿SON ÚTILES LOS ANALGÉSICOS?

Las endorfinas son hormonas que el cuerpo libera en determinados momentos y que anulan la sensación de dolor. Los analgésicos imitan el efecto de las endorfinas, así que si se toman con demasiada frecuencia, el cuerpo cree tener suficiente suministro y deja de producirlas. Entonces, es incapaz de calmar el dolor por sí mismo y, cuando la persona deja de tomar analgésicos, el dolor crónico puede volver a aparecer incluso con mayor intensidad. Es muy fácil crearse una dependencia de los analgésicos, de modo que no se recomienda tomarlos durante mucho tiempo, aunque sí ocasionalmente para aliviar el dolor.

Las máquinas de estimulación eléctrica transcutánea son fáciles de usar y muy útiles para aliviar las molestias: colóquese los electrodos sobre la piel y utilice los mandos para ajustar la frecuencia y la potencia de los impulsos eléctricos

LAS MÁQUINAS DE ESTIMULACIÓN ELÉCTRICA TRANSCUTÁNEA

Para la estimulación eléctrica transcutánea de los nervios (TENS) se colocan sobre la espalda unas almohadillas conectadas a una máquina que transmite pequeños pulsos de energía eléctrica al cuerpo. Así se estimula la producción de endorfinas (las hormonas que nos proporcionan la sensación de bienestar) y se bloquean los mensajes de dolor, que se desplazan más lentamente que las hormonas, para que no lleguen al cerebro y disminuya la sensación de malestar.

DESCANSO

Un buen descanso en la cama es fundamental en cualquier tipo de tratamiento contra el dolor de espalda, ya que estando tumbados es cuando menos presión ejercemos sobre ella. No obstante, estudios recientes demuestran que un descanso excesivo puede aumentar el riesgo de repetición de los problemas de espalda. Hoy día, tras una lesión de espalda se recomienda descansar adecuadamente pero empezar a realizar ejercicio lo antes posible para acelerar la recuperación.

Consejos para mejorar su estilo de vida

Las actividades diarias influyen en gran medida en nuestra espalda. Por ejemplo, el bricolaje, las tareas de la casa o la jardinería pueden ser beneficiosas para la espalda, pero también pueden suponer una excesiva presión si no se realizan correctamente. Haga las cosas con calma, poco a poco, y descanse de forma regular para estirarse y relajarse.

ACTIVIDADES RECOMENDADAS

El yoga y otros métodos orientales de ejercicio como el tai chi son una forma excelente de mejorar la flexibilidad y aliviar las tensiones. Como en el caso de cualquier otro programa de ejercicios, no intente practicarlos en exceso ni demasiado rápidamente. Si tiene o ha tenido un problema de espalda, comuníqueselo al profesor antes de empezar las clases, ya que algunos ejercicios avanzados no son adecuados para personas con problemas de espalda.

Nadar es también un método muy corriente de ejercitar y fortalecer la espalda. El agua reduce el efecto de la gravedad, así que los músculos trabajan sin tensión y las articulaciones se doblan y estiran sin presión. La natación tonifica los músculos de la espalda y del estómago, calma los espasmos musculares y aumenta la flexibilidad. Nadar de espaldas es particularmente beneficioso porque ayuda a expandir el pecho y los hombros y, por lo tanto, contrarresta los efectos de una mala postura.

Caminar es otra forma de hacer ejercicio con poco riesgo. Mantenga una postura correcta al andar y utilice siempre un calzado cómodo que le sujete bien el pie.

Cualquier deporte es adecuado para mantenerse en forma y reducir el estrés, pero sólo si se practica de forma regular y con sensatez. Evite realizar actividades extenuantes de golpe. Es importante llevar ropa y un equipo adecuados para practicar cualquier deporte.

El yoga es un método muy extendido de mantenerse en forma, fuerte y saludable y también de aliviar el estrés. Además, puede practicar *asanas* de yoga por su cuenta en casa.

Cuando salga a caminar, lleve siempre una botella de agua y una chaqueta impermeable en la mochila y distribuya el peso de manera uniforme.

✓ BUENOS HÁBITOS

HAGA EJERCICIO REGULARMENTE según su nivel de forma física.

REALICE LOS EJERCICIOS CON REGULARIDAD para mantener el tono de los músculos de la espalda y el estómago y la flexibilidad de la columna.

MANTENGA EL PESO ADECUADO PARA SU ESTATURA (véase abajo el cuadro del índice de masa corporal) ya que el sobrepeso aumenta la tensión en la columna, especialmente si se acumula en la zona del estómago.

COMPRUEBE SU POSTURA con frecuencia (ya esté sentado o de pie). La corona debe ser el punto más alto del cuerpo, el cuello y la cabeza tienen que estar centrados y la pelvis metida (véase pág. 8).

INTENTE DORMIR BIEN POR LAS NOCHES y, si es necesario, eche sueñecitos para recuperar las energías. La única posición en la que su espalda descansa realmente es cuando está tumbado.

UTILICE UNA TÉCNICA ADECUADA PARA LEVANTAR OBJETOS (véase pág. 20). Doble las rodillas en lugar de la espalda para levantar objetos pesados. Distribuya los pesos uniformemente entre los dos lados del cuerpo y transpórtelos cerca del cuerpo.

LLEVE ZAPATOS CÓMODOS Y PRÁCTICOS, especialmente cuando realice ejercicios aeróbicos.

✗ MALOS HÁBITOS

NO COMA EN EXCESO, ya que el sobrepeso aumenta la presión en la columna.

EVITE DORMIR EN UN SILLÓN ya que cuando estamos sentados la presión aumenta en la parte inferior de la columna y la espalda no puede relajarse.

NO LLEVE TACONES ALTOS porque acentúan la curva natural de la base de la columna, con lo que se comprimen las vértebras lumbares y se desequilibra el centro de gravedad del cuerpo.

EVITE LAS POSICIONES ESTÁTICAS que impliquen mantener tensos los músculos de la espalda durante mucho tiempo; por ejemplo, inclinarse sobre la bañera para lavarse el pelo o planchar. Intente buscar una posición que le resulte cómoda para realizar estas actividades o apoye un pie en una barra o en un reposapiés.

INTENTE NO TRANSPORTAR PESOS SÓLO EN UN LADO; por ejemplo, las bolsas de la compra. Repártalas entre las dos manos y, si sólo lleva una bolsa o un bolso colgado del hombro, vaya alternando el peso de un lado al otro.

NO DEJE CAER LOS HOMBROS cuando esté de pie, caminando o sentado.

EVITE REALIZAR MOVIMIENTOS REPENTINOS, como inclinarse hacia delante o girarse.

ÍNDICE DE MASA CORPORAL	IMC	CONSEJOS
Descubra si tiene el peso adecuado para su estatura calculando su índice de masa corporal.	19–25	No tiene un peso excesivo en relación con su estatura y no es probable que esté ejerciendo demasiada presión sobre la espalda y las articulaciones.
Divida el peso en kilogramos por la estatura en metros elevada al cuadrado. Ej.: Peso (P) = 69 kg Estatura (E) = 1,73 m IMC = 69 (P) x 1,73 cm (A)^2 IMC = 69 ± 2,99 IMC = 23	26–30	Su IMC indica cierto sobrepeso. Además de posibles problemas cardíacos y circulatorios, es probable que esté ejerciendo bastante presión sobre la espalda. Ejercite los músculos de la espalda y mantenga la postura correcta para reducir el riesgo de lesiones.
Consulte el resultado en la tabla siguiente.	Más de 30	Un IMC de 30 o superior se considera obesidad. Si todavía no tiene problemas de espalda, es muy posible que pronto aparezcan. Los ejercicios para la espalda evitarán lesiones, pero es vital que pierda peso.

Glosario

ABDUCTORES Músculos que mueven una articulación alejándola del cuerpo.

ADUCTORES Músculos que mueven una articulación acercándola al cuerpo.

APÓFISIS ESPINOSA Prominencia ósea situada en el centro de la parte posterior del arco neural que sujeta los ligamentos y los músculos.

APÓFISIS TRANSVERSA Protuberancia ósea situada en los laterales de la parte posterior del arco neural que constituye un punto de sujeción para los ligamentos y músculos de la columna.

ARCO NEURAL O ESPINAL Columna ósea formada por todas las vértebras que contiene y protege la médula espinal.

ARTICULACIÓN Punto de encuentro y fricción entre dos huesos.

ARTICULACIÓN COSTOVERTEBRAL Articulación que une una costilla con una vértebra.

ARTICULACIÓN FACETARIA Una de las cuatro articulaciones de la vértebra que la conecta con la vértebra superior y la inferior.

CANAL NEURAL Tubo hueco en el interior del arco neural.

CARTÍLAGO Sustancia dura pero flexible que, junto con los huesos, constituye el esqueleto. Cubre los extremos de los huesos en su punto de unión con las articulaciones y forma los discos intervertebrales de la columna con el tejido fibroso.

CENTRAR LA ESPALDA, EL CUELLO, LA CABEZA O LA BARBILLA Postura en la que todas las curvas de la columna vertebral se mantienen en su posición natural y correcta (véase pág. 8).

CUERPO VERTEBRAL La zona gruesa y redondeada de hueso situada en la parte delantera de la vértebra.

DISCO INTERVERTEBRAL Almohadilla de cartílago y tejido fibroso con un centro fluido, situada entre los cuerpos vertebrales, que funciona como amortiguador de golpes.

EJERCICIO AERÓBICO Ejercicio en el que una articulación soporta el peso del cuerpo durante el movimiento, por ejemplo andar y correr.

EJERCICIO DE GRAN IMPACTO Ejercicio en el que una articulación absorbe la tensión de caer al suelo durante el movimiento, por ejemplo, correr, saltar o saltar a la comba.

ESPACIO INTERVERTEBRAL Abertura a ambos lados de la vértebra.

EXTENSORES Músculos que estiran y extienden una articulación.

FISIOTERAPIA Terapia que recurre a técnicas tan variadas como los ejercicios, la manipulación, el calor y la hidroterapia para tratar distintos problemas.

FLEXORES Músculos que doblan una articulación.

LIGAMENTO Banda fuerte de tejido fibroso que une los huesos en las articulaciones.

MÉDULA ESPINAL Parte del sistema nervioso central en forma de cordón fino que se extiende desde la base del cerebro hasta las vértebras lumbares a través del canal neural. A lo largo de su recorrido se ramifica en nervios que salen de la columna por los espacios intervertebrales.

MÚSCULO Tejido que puede contraerse y relajarse para generar un movimiento o bien para sostener la estructura corporal.

MÚSCULOS POSTURALES Músculos que ayudan a mantener la postura.

NEURÓLOGO Médico especialista en las enfermedades que afectan al sistema nervioso.

ORTOPEDA Especialista en el tratamiento de los problemas del esqueleto.

OSTEOFITOS Protuberancias óseas que se desarrollan en el interior o los bordes de una articulación y que suelen ser los causantes de la osteoartritis.

OSTEOPATÍA Terapia que consiste en la manipulación física de los huesos para restaurar las funciones del esqueleto y los tejidos.

PELVIS METIDA Posición en la que la base de la pelvis está inclinada hacia delante y la parte inferior de la espalda queda plana. Es la posición que debe adoptar al empezar todos los ejercicios.

REUMATÓLOGO Especialista en enfermedades caracterizadas por la inflamación y el dolor de los músculos, las articulaciones y los tejidos fibrosos.

ROTADORES Músculos que permiten realizar el movimiento circular de una articulación.

TAC Tomografía axial computadorizada que proporciona imágenes de secciones transversales del cuerpo mediante el análisis computadorizado de una serie de rayos X.

VÉRTEBRAS Los 33 huesos que forman la columna vertebral.

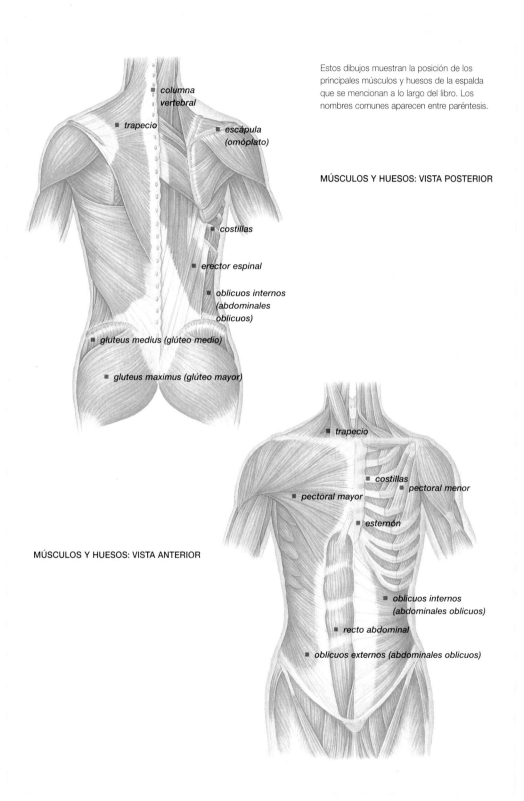

Estos dibujos muestran la posición de los principales músculos y huesos de la espalda que se mencionan a lo largo del libro. Los nombres comunes aparecen entre paréntesis.

columna vertebral

trapecio

escápula (omóplato)

MÚSCULOS Y HUESOS: VISTA POSTERIOR

costillas

erector espinal

oblicuos internos (abdominales oblicuos)

gluteus medius (glúteo medio)

gluteus maximus (glúteo mayor)

trapecio

costillas

pectoral menor

pectoral mayor

esternón

MÚSCULOS Y HUESOS: VISTA ANTERIOR

oblicuos internos (abdominales oblicuos)

recto abdominal

oblicuos externos (abdominales oblicuos)

Índice

Accidente, tras un 9, 15, 80
Actividades diarias 92
Analgésicos 88, 91
Aparatos ortopédicos, columna 88, 91
Articulaciones 7, 9, 10, 15
Artritis 32, 64

Braquialgia 9, 15 (véase brazos, dolor en)
Brazo(s), dolor en 9, 15

Cadera(s)
    dolor en la 17
    movimientos de la 72-73
    posición para los ejercicios 8
Caída, tras una 9, 15
Calzado deportivo 12, 13, 24-25, 93
Cama, guardar 6, 9, 93
Caminar 87, 92
Cansancio 14, 16
Carrera (correr) 24, 33
Ciática 9, 15, 24, 38, 50, 79, 80-81, 84
Cifosis (véase hombros caídos)
Cintura, modelar la 26-27, 40-41
Circulación, mejorar la 23, 24
Colchoneta 12
Columna
    estructura de la 6, 8
    funciones de la 5
Cuándo hacer ejercicio 13, 19, 21
Cuello
    dolor en el 15, 17, 28-29, 64
    posición para los ejercicios 8, 68

De pie 8, 20-21
Densidad mineral ósea (DMO) 86
Deporte 92
Dolor
    agudo 5, 9, 14-15
    crónico 5, 9, 10, 16-17, 91
Dolores de cabeza, tensión muscular 32, 52

Ejercicio aeróbico 24-25, 33, 86-87
Ejercicios de calentamiento 13, 22-33
Ejercicios (sentado) 18-19, 26, 27, 30, 32, 37, 49, 51, 53, 56-57, 65
Embarazo 24, 80, 91
Enfermedades degenerativas 9, 11, 82-83, 86-87
Enfermedades hereditarias 11
Entumecimiento 9
Equilibrio, poco sentido de 29, 74
Equipo 12, 92
Escoliosis 56, 58, 79, 84-85
Espalda «bloqueada» 15
Espasmo muscular 15, 16, 17, 28, 91
Especialistas 88-89
Espondilitis anquilosante 11, 17
Estenosis del canal central 9, 14, 89
Estilo de vida 92-93
Estiramiento 28-29, 38-39, 41, 44-45, 58-59
Estómago (véase músculos abdominales)

Fisioterapia 88

Hernia discal 9, 15, 24, 89
Hidroterapia 88
Hombros
    caídos/cargados 8, 32-33, 42-43, 47, 54, 60, 62
    dolor en los 15, 62
    posición para adoptar una postura correcta 8
Huesos, frágiles 86

Inclinación 15, 20, 28-29, 36-37, 58-59, 62-63, 64-65

Inclinación sobre la superficie de trabajo 18-19, 30, 32-33, 52, 54
Índice de masa corporal (IMC) 93
Inflamación, cómo aliviar la 42-43, 91
Ingle, dolor en la 17

Ligamento de la corva 77
Ligamentos 7, 10, 16, 17
Lordosis (véase tipos de espalda, hundida)
Lugar de trabajo, postura en el 8, 18-20

Manipulación física 88
Máquina de estimulación eléctrica transcutánea 91
Masaje 90
Médico, consultar a un 5, 12, 15, 16, 74, 79, 84, 86, 88
Médula espinal 7, 80
Método Pilates 50-51, 76-77
Movimiento repentino o incorrecto 9, 28, 38, 80, 92
Músculos abdominales 7, 8
    débiles 10, 16
    ejercicios para 28-29, 30-31, 35, 40-41, 42-43, 46-47, 50-51, 68-69, 76-77
Músculos
    agonista y antagonista 7
    débiles 7, 10, 16 lesión 15
    desequilibrio 10, 16, 58, 84-85
    lesión 15

Nadar 92
Nalgas, dolor en 15, 17, 70

Osteoartritis
    consejos sobre 9, 17, 36, 62, 64, 72, 74, 79, 82-83
    enfermedad degenerativa 11
    retrasar la aparición de la 52-53, 58-59
Osteopatía 88, 89
Osteoporosis
    antecedentes familiares de 15
    en la columna 11, 79, 86-87

Parte inferior de la espalda
    dolor en la 15, 17
    ejercicios para la 35, 66-77
Parte superior de la espalda, ejercicios para la 35, 52-65
Pelvis, posición para adoptar una postura correcta 8, 18, 36, 70
Peso, consejos sobre el 14, 16, 82, 89, 93
Pierna(s) dolor en 9, 15, 88-81 (véase también ciática)
Postura
    incorrecta 42, 44, 52, 56, 60, 70
    mejorar la 8, 10, 13, 18, 20, 35, 88, 89, 93
Problemas no localizados en la columna 12, 13, 14, 16
Programas reducidos
    ciática 81
    de pie 21
    escoliosis 85
    osteoartritis 83
    osteoporosis 87
    plan de rescate: dolor agudo 14-15
    plan de rescate: dolor crónico 16-17
    sentado 19

Relajación 5, 46-47, 90-91 (véase también tensión, cómo aliviar la)
Respiración, mejorar la 52-57, 76-77
Rigidez 72, 74, 82-83
Rodillas
    dolor en las 17, 62-63
    posición para los ejercicios 8
Ropa 12, 13, 92
Rotación 15, 20, 26-27, 30-31, 38-39, 48-49, 54-55, 62-63, 74-75

Saltar
    a la comba 87
    sin desplazarse 87
Seguridad (véase técnica para realizar correctamente los ejercicios)
Sillas ergonómicas 18
Síntomas neurológicos 9
Sistema nervioso 7

Técnica Alexander 10, 89
Técnica para levantar objetos 15, 20, 28, 36, 80, 82, 93
Técnica para realizar correctamente los ejercicios 13, 35, 79, 88
Temperatura elevada 14, 16
Tensión, cómo aliviar la 19, 21, 32-33, 38-39, 42-47, 52-55, 67, 90-91
Tipos de espalda
    excesivamente plana 8, 28-29, 46-47, 52-53, 56-57, 58-59, 64-65
    hundida 8, 28-29, 46-47, 50-51, 68-69, 70-71, 76-77, 80-81
Toda la espalda, ejercicios para 35, 36-51
Transportar pesos 10, 15, 20, 36, 58, 84
Tratamientos de calor 88, 91
Tratamientos de frío 88, 91

Ultrasonidos 88
Urgencia 9, 14, 15

Vértebra(s) 6

Yoga 64-65, 92

AGRADECIMIENTOS

Me gustaría dar las gracias a Nigel Perryman por su crítica «constructiva» que, si bien demoró los plazos previstos, mejoró este libro; a su hijo, Tom Perryman, que fue obligado a realizar muchos de los ejercicios antes de cenar; y a Wuss Jones, que me hizo cuidar de su espalda mientras ¡hubiera tenido que estar trabajando en mi lavabo! Hablando en serio, agradezco mucho a Kelly Thompson, mi editora, su constante sentido del humor, profesionalidad y escrupulosidad, y a Jules Selmes, un excelente fotógrafo que me permitió hacer pausas entre foto y foto y me desanimó de posar como modelo.

Créditos de las fotografías
6 (d) SPL, 7 (i) BSIP DR. T. Pichard/SPL, 9 GJLP/SPL, 82 Scott Camazine, Sue Trainor/SPL, 86 Alfred Pasieska/SPL, 88 c Ouellette & Theorux, Publicphoto Difffusion/spl, 88 (d) BSIP CH Themale Soiel/spl, 89 Hattie Young/SPL, 91 Dan Mc Coy/Rainbow/Medipics.

SPL= Science Photo Library